T&P BOOKS

I0176426

PORTUGUÉS
VOCABULARIO

PALABRAS MÁS USADAS

ESPAÑOL-
PORTUGUÉS

Las palabras más útiles
Para expandir su vocabulario y refinar
sus habilidades lingüísticas

3000 palabras

Vocabulario Español-Portugués Brasilero - 3000 palabras más usadas
por Andrey Taranov

Los vocabularios de T&P Books buscan ayudar en el aprendizaje, la memorización y la revisión de palabras de idiomas extranjeros. El diccionario se divide por temas, cubriendo toda la esfera de las actividades cotidianas, de negocios, ciencias, cultura, etc.

El proceso de aprendizaje de palabras utilizando los diccionarios temáticos de T&P Books le proporcionará a usted las siguientes ventajas:

- La información del idioma secundario está organizada claramente y predetermina el éxito para las etapas subsiguientes en la memorización de palabras.
- Las palabras derivadas de la misma raíz se agrupan, lo cual permite la memorización de grupos de palabras en vez de palabras aisladas.
- Las unidades pequeñas de palabras facilitan el proceso de reconocimiento de enlaces de asociación que se necesitan para la cohesión del vocabulario.
- De este modo, se puede estimar el número de palabras aprendidas y así también el nivel de conocimiento del idioma.

T&P Books Publishing
www.tpbooks.com

ISBN: 978-1-78767-459-2

Este libro está disponible en formato electrónico o de E-Book también.
Visite www.tpbooks.com o las librerías electrónicas más destacadas en la Red.

VOCABULARIO PORTUGUÉS BRASILERO
palabras más usadas

Los vocabularios de T&P Books buscan ayudar al aprendiz a aprender, memorizar y repasar palabras de idiomas extranjeros. Los vocabularios contienen más de 3000 palabras comúnmente usadas y organizadas de manera temática.

- El vocabulario contiene las palabras corrientes más usadas.
- Se recomienda como ayuda adicional a cualquier curso de idiomas.
- Capta las necesidades de aprendices de nivel principiante y avanzado.
- Es conveniente para uso cotidiano, prácticas de revisión y actividades de auto-evaluación.
- Facilita la evaluación del vocabulario.

Aspectos claves del vocabulario

- Las palabras se organizan según el significado, no según el orden alfabético.
- Las palabras se presentan en tres columnas para facilitar los procesos de repaso y auto-evaluación.
- Los grupos de palabras se dividen en pequeñas secciones para facilitar el proceso de aprendizaje.
- El vocabulario ofrece una transcripción sencilla y conveniente de cada palabra extranjera.

El vocabulario contiene 101 temas que incluyen lo siguiente:

Conceptos básicos, números, colores, meses, estaciones, unidades de medidas, ropa y accesorios, comida y nutrición, restaurantes, familia nuclear, familia extendida, características de personalidad, sentimientos, emociones, enfermedades, la ciudad y el pueblo, exploración del paisaje, compras, finanzas, la casa, el hogar, la oficina, el trabajo en oficina, importación y exportación, promociones, búsqueda de trabajo, deportes, educación, computación, la red, herramientas, la naturaleza, los países, las nacionalidades y más ...

TABLA DE CONTENIDO

GUÍA DE PRONUNCIACIÓN

T&P alfabeto fonético	Ejemplo portugués	Ejemplo español

Las vocales

[a]	baixo ['baɪʃu]	radio
[e]	erro ['eʀu]	verano
[ɛ]	leve ['lɛvə]	mes
[i]	lancil [lã'sil]	ilegal
[o], [ɔ]	boca, orar ['bokɐ], [ɔ'raɾ]	bolsa
[u]	urgente [uɾ'ʒẽtə]	mundo
[ã]	toranja [tu'rãʒɐ]	[a] nasal
[ẽ]	gente ['ʒẽtə]	[e] nasal
[ĩ]	seringa [sə'ʀĩgɐ]	[i] nasal
[õ]	ponto ['põtu]	[o] nasal
[ũ]	umbigo [ũ'bigu]	[u] nasal

Las consonantes

[b]	banco ['bãku]	en barco
[d]	duche ['duʃə]	desierto
[dʒ]	abade [a'badʒi]	jazz
[f]	facto ['faktu]	golf
[g]	gorila [gu'ʀilɐ]	jugada
[j]	feira ['fejɾɐ]	asiento
[k]	claro ['klaɾu]	charco
[l]	Londres ['lõdɾəʃ]	lira
[ʎ]	molho ['moʎu]	lágrima
[m]	montanha [mõ'tɐɲɐ]	nombre
[n]	novela [nu'vɛlɐ]	número
[ɲ]	senhora [sə'ɲoɾɐ]	leña
[ŋ]	marketing ['markətiŋ]	rincón
[p]	prata ['pratɐ]	precio
[s]	safira [sə'fiɾɐ]	salva
[ʃ]	texto ['tɛʃtu]	shopping
[t]	teto ['tɛtu]	torre
[tʃ]	doente [do'ẽtʃi]	mapache
[v]	alvo ['alvu]	travieso
[z]	vizinha [vi'ziɲɐ]	desde
[ʒ]	juntos ['ʒũtuʃ]	adyacente
[w]	sequoia [sə'kwɔjɐ]	acuerdo

ABREVIATURAS
usadas en el vocabulario

Abreviatura en español

adj	-	adjetivo
adv	-	adverbio
anim.	-	animado
conj	-	conjunción
etc.	-	etcétera
f	-	sustantivo femenino
f pl	-	femenino plural
fam.	-	uso familiar
fem.	-	femenino
form.	-	uso formal
inanim.	-	inanimado
innum.	-	innumerable
m	-	sustantivo masculino
m pl	-	masculino plural
m, f	-	masculino, femenino
masc.	-	masculino
mat	-	matemáticas
mil.	-	militar
num.	-	numerable
p.ej.	-	por ejemplo
pl	-	plural
pron	-	pronombre
sg	-	singular
v aux	-	verbo auxiliar
vi	-	verbo intransitivo
vi, vt	-	verbo intransitivo, verbo transitivo
vr	-	verbo reflexivo
vt	-	verbo transitivo

Abreviatura en portugués

f	-	sustantivo femenino
f pl	-	femenino plural
m	-	sustantivo masculino
m pl	-	masculino plural
m, f	-	masculino, femenino
pl	-	plural
v aux	-	verbo auxiliar

vi	-	verbo intransitivo
vi, vt	-	verbo intransitivo, verbo transitivo
vr	-	verbo reflexivo
vt	-	verbo transitivo

CONCEPTOS BÁSICOS

1. Los pronombres

yo	eu	['ew]
tú	você	[vɔ'se]
él	ele	['ɛli]
ella	ela	['ɛla]
nosotros, -as	nós	[nɔs]
vosotros, -as	vocês	[vɔ'ses]
ellos	eles	['ɛlis]
ellas	elas	['ɛlas]

2. Saludos. Salutaciones

¡Hola! (fam.)	Oi!	[ɔj]
¡Hola! (form.)	Olá!	[o'la]
¡Buenos días!	Bom dia!	[bõ 'dʒia]
¡Buenas tardes!	Boa tarde!	['boa 'tardʒi]
¡Buenas noches!	Boa noite!	['boa 'nojtʃi]
decir hola	cumprimentar (vt)	[kũprimẽ'tar]
¡Hola! (a un amigo)	Oi!	[ɔj]
saludo (m)	saudação (f)	[sawda'sãw]
saludar (vt)	saudar (vt)	[saw'dar]
¿Cómo estáis?	Como você está?	['kɔmu vo'se is'ta]
¿Cómo estás?	Como vai?	['kɔmu 'vaj]
¿Qué hay de nuevo?	E aí, novidades?	[a a'i novi'dadʒis]
¡Chau! ¡Adiós!	Tchau!	['tʃaw]
¡Hasta pronto!	Até breve!	[a'tɛ 'brɛvi]
¡Adiós!	Adeus!	[a'dews]
despedirse (vr)	despedir-se (vr)	[dʒispe'dʒirsi]
¡Hasta luego!	Até mais!	[a'tɛ majs]
¡Gracias!	Obrigado! -a!	[obri'gadu, -a]
¡Muchas gracias!	Muito obrigado! -a!	['mwĩtu obri'gadu, -a]
De nada	De nada	[de 'nada]
No hay de qué	Não tem de quê	['nãw tẽj de ke]
De nada	Não foi nada!	['nãw foj 'nada]
¡Disculpa!	Desculpa!	[dʒis'kuwpa]
¡Disculpe!	Desculpe!	[dʒis'kuwpe]
disculpar (vt)	desculpar (vt)	[dʒiskuw'par]
disculparse (vr)	desculpar-se (vr)	[dʒiskuw'parsi]
Mis disculpas	Me desculpe	[mi dʒis'kuwpe]

¡Perdóneme!	Desculpe!	[dʒisˈkuwpe]
perdonar (vt)	perdoar (vt)	[perˈdwar]
¡No pasa nada!	Não faz mal	[ˈnãw fajʒ maw]
por favor	por favor	[por faˈvor]

¡No se le olvide!	Não se esqueça!	[ˈnãw si isˈkesa]
¡Ciertamente!	Com certeza!	[kõ serˈteza]
¡Claro que no!	Claro que não!	[ˈklaru ki ˈnãw]
¡De acuerdo!	Está bem! De acordo!	[isˈta bẽj], [de aˈkordu]
¡Basta!	Chega!	[ˈʃega]

3. Las preguntas

¿Quién?	Quem?	[kẽj]
¿Qué?	O que?	[u ki]
¿Dónde?	Onde?	[ˈõdʒi]
¿Adónde?	Para onde?	[ˈpara ˈõdʒi]
¿De dónde?	De onde?	[de ˈõdʒi]
¿Cuándo?	Quando?	[ˈkwãdu]
¿Para qué?	Para quê?	[ˈpara ke]
¿Por qué?	Por quê?	[por ˈke]

¿Por qué razón?	Para quê?	[ˈpara ke]
¿Cómo?	Como?	[ˈkomu]
¿Qué ...? (~ color)	Qual?	[kwaw]
¿Cuál?	Qual?	[kwaw]

¿A quién?	A quem?	[a kẽj]
¿De quién? (~ hablan ...)	De quem?	[de kẽj]
¿De qué?	Do quê?	[du ke]
¿Con quién?	Com quem?	[kõ kẽj]

¿Cuánto? (innum.)	Quanto?	[ˈkwãtu]
¿Cuánto? (num.)	Quantos? -as?	[ˈkwãtus, -as]
¿De quién? (~ es este ...)	De quem?	[de kẽj]

4. Las preposiciones

con ... (~ algn)	com	[kõ]
sin ... (~ azúcar)	sem	[sẽ]
a ... (p.ej. voy a México)	a ..., para ...	[a], [ˈpara]
de ... (hablar ~)	sobre ...	[ˈsobri]
antes de ...	antes de ...	[ˈãtʃis de]
delante de ...	em frente de ...	[ẽ ˈfrẽtʃi de]

debajo	debaixo de ...	[deˈbaɪʃu de]
sobre ..., encima de ...	sobre ..., em cima de ...	[ˈsobri], [ẽ ˈsima de]
en, sobre (~ la mesa)	em ..., sobre ...	[ẽ], [ˈsobri]
de (origen)	de ...	[de]
de (fabricado de)	de ...	[de]
dentro de ...	em ...	[ẽ]
encima de ...	por cima de ...	[por ˈsima de]

5. Las palabras útiles. Los adverbios. Unidad 1

¿Dónde?	Onde?	['õdʒi]
aquí (adv)	aqui	[a'ki]
allí (adv)	lá, ali	[la], [a'li]
en alguna parte	em algum lugar	[ẽ aw'gũ lu'gar]
en ninguna parte	em lugar nenhum	[ẽ lu'gar ne'ɲũ]
junto a ...	perto de ...	['pɛrtu de]
junto a la ventana	perto da janela	['pɛrtu da ʒa'nɛla]
¿A dónde?	Para onde?	['para 'õdʒi]
aquí (venga ~)	aqui	[a'ki]
allí (vendré ~)	para lá	['para la]
de aquí (adv)	daqui	[da'ki]
de allí (adv)	de lá, dali	[de la], [da'li]
cerca (no lejos)	perto	['pɛrtu]
lejos (adv)	longe	['lõʒi]
cerca de ...	perto de ...	['pɛrtu de]
al lado (de ...)	à mão, perto	[a mãw], ['pɛrtu]
no lejos (adv)	não fica longe	['nãw 'fika 'lõʒi]
izquierdo (adj)	esquerdo	[is'kerdu]
a la izquierda (situado ~)	à esquerda	[a is'kerda]
a la izquierda (girar ~)	para a esquerda	['para a is'kerda]
derecho (adj)	direito	[dʒi'rejtu]
a la derecha (situado ~)	à direita	[a dʒi'rejta]
a la derecha (girar)	para a direita	['para a dʒi'rejta]
delante (yo voy ~)	em frente	[ẽ 'frẽtʃi]
delantero (adj)	da frente	[da 'frẽtʃi]
adelante (movimiento)	adiante	[a'dʒjãtʃi]
detrás de ...	atrás de ...	[a'trajs de]
desde atrás	de trás	[de trajs]
atrás (da un paso ~)	para trás	['para trajs]
centro (m), medio (m)	meio (m), metade (f)	['meju], [me'tadʒi]
en medio (adv)	no meio	[nu 'meju]
de lado (adv)	do lado	[du 'ladu]
en todas partes	em todo lugar	[ẽ 'todu lu'gar]
alrededor (adv)	por todos os lados	[por 'todus os 'ladus]
de dentro (adv)	de dentro	[de 'dẽtru]
a alguna parte	para algum lugar	['para aw'gũ lu'gar]
todo derecho (adv)	diretamente	[dʒireta'mẽtʃi]
atrás (muévelo para ~)	de volta	[de 'vɔwta]
de alguna parte (adv)	de algum lugar	[de aw'gũ lu'gar]
no se sabe de dónde	de algum lugar	[de aw'gũ lu'gar]

primero (adv)	em primeiro lugar	[ẽ pri'mejru lu'gar]
segundo (adv)	em segundo lugar	[ẽ se'gũdu lu'gar]
tercero (adv)	em terceiro lugar	[ẽ ter'sejru lu'gar]

de súbito (adv)	de repente	[de he'pẽtʃi]
al principio (adv)	no início	[nu i'nisju]
por primera vez	pela primeira vez	['pɛla pri'mejra 'vez]
mucho tiempo antes ...	muito antes de ...	['mwĩtu 'ãtʃis de]
de nuevo (adv)	de novo	[de 'novu]
para siempre (adv)	para sempre	['para 'sẽpri]

jamás, nunca (adv)	nunca	['nũka]
de nuevo (adv)	de novo	[de 'novu]
ahora (adv)	agora	[a'gɔra]
frecuentemente (adv)	frequentemente	[frekwẽtʃi'mẽtʃi]
entonces (adv)	então	[ẽ'tãw]
urgentemente (adv)	urgentemente	[urʒẽte'mẽtʃi]
usualmente (adv)	normalmente	[nɔrmaw'mẽtʃi]

a propósito, ...	a propósito, ...	[a pro'pɔzitu]
es probable	é possível	[ɛ po'sivew]
probablemente (adv)	provavelmente	[provavɛw'mẽtʃi]
tal vez	talvez	[taw'vez]
además ...	além disso, ...	[a'lẽj 'dʒisu]
por eso ...	por isso ...	[por 'isu]
a pesar de ...	apesar de ...	[ape'zar de]
gracias a ...	graças a ...	['grasas a]

qué (pron)	que	[ki]
que (conj)	que	[ki]
algo (~ le ha pasado)	algo	[awgu]
algo (~ así)	alguma coisa	[aw'guma 'kojza]
nada (f)	nada	['nada]

quien	quem	[kẽj]
alguien (viene ~)	alguém	[aw'gẽj]
alguien (¿ha llamado ~?)	alguém	[aw'gẽj]

nadie	ninguém	[nĩ'gẽj]
a ninguna parte	para lugar nenhum	['para lu'gar ne'ɲũ]
de nadie	de ninguém	[de nĩ'gẽj]
de alguien	de alguém	[de aw'gẽj]

tan, tanto (adv)	tão	[tãw]
también (~ habla francés)	também	[tã'bẽj]
también (p.ej. Yo ~)	também	[tã'bẽj]

6. Las palabras útiles. Los adverbios. Unidad 2

¿Por qué?	Por quê?	[por 'ke]
no se sabe porqué	por alguma razão	[por aw'guma ha'zãw]
porque ...	porque ...	[por'ke]
por cualquier razón (adv)	por qualquer razão	[por kwaw'ker ha'zãw]
y (p.ej. uno y medio)	e	[i]

o (p.ej. té o café)	ou	['o]
pero (p.ej. me gusta, ~)	mas	[mas]
para (p.ej. es para ti)	para	['para]

demasiado (adv)	muito, demais	['mwĩtu], [dʒi'majs]
sólo, solamente (adv)	só, somente	[sɔ], [sɔ'mẽtʃi]
exactamente (adv)	exatamente	[ɛzata'mẽtʃi]
unos ...,	cerca de ...	['serka de]
cerca de ... (~ 10 kg)		

aproximadamente	aproximadamente	[aprosimada'mẽti]
aproximado (adj)	aproximado	[aprosi'madu]
casi (adv)	quase	['kwazi]
resto (m)	resto (m)	['hɛstu]

el otro (adj)	o outro	[u 'otru]
otro (p.ej. el otro día)	outro	['otru]
cada (adj)	cada	['kada]
cualquier (adj)	qualquer	[kwaw'ker]
mucho (innum.)	muito	['mwĩtu]
mucho (num.)	muitos, muitas	['mwĩtos], ['mwĩtas]
muchos (mucha gente)	muitas pessoas	['mwĩtas pe'soas]
todos	todos	['todus]

a cambio de ...	em troca de ...	[ẽ 'trɔka de]
en cambio (adv)	em troca	[ẽ 'trɔka]
a mano (hecho ~)	à mão	[a mãw]
poco probable	pouco provável	['poku pro'vavew]

probablemente	provavelmente	[provavɛw'mẽtʃi]
a propósito (adv)	de propósito	[de pro'pɔzitu]
por accidente (adv)	por acidente	[por asi'dẽtʃi]

muy (adv)	muito	['mwĩtu]
por ejemplo (adv)	por exemplo	[por e'zẽplu]
entre (~ nosotros)	entre	['ẽtri]
entre (~ otras cosas)	entre, no meio de ...	['ẽtri], [nu 'meju de]
tanto (~ gente)	tanto	['tãtu]
especialmente (adv)	especialmente	[ispesjal'mẽte]

NÚMEROS. MISCELÁNEA

cero	zero	['zɛru]
uno	um	[ũ]
dos	dois	['dojs]
tres	três	[tres]
cuatro	quatro	['kwatru]

cinco	cinco	['sĩku]
seis	seis	[sejs]
siete	sete	['sɛtʃi]
ocho	oito	['ojtu]
nueve	nove	['nɔvi]

diez	dez	[dɛz]
once	onze	['õzi]
doce	doze	['dozi]
trece	treze	['trezi]
catorce	catorze	[ka'torzi]

quince	quinze	['kĩzi]
dieciséis	dezesseis	[deze'sejs]
diecisiete	dezessete	[dezi'setʃi]
dieciocho	dezoito	[dʒi'zojtu]
diecinueve	dezenove	[deze'nɔvi]

veinte	vinte	['vĩtʃi]
veintiuno	vinte e um	['vĩtʃi i ũ]
veintidós	vinte e dois	['vĩtʃi i 'dojs]
veintitrés	vinte e três	['vĩtʃi i 'tres]

treinta	trinta	['trĩta]
treinta y uno	trinta e um	['trĩta i ũ]
treinta y dos	trinta e dois	['trĩta i 'dojs]
treinta y tres	trinta e três	['trĩta i 'tres]

cuarenta	quarenta	[kwa'rẽta]
cuarenta y uno	quarenta e um	[kwa'rẽta i 'ũ]
cuarenta y dos	quarenta e dois	[kwa'rẽta i 'dojs]
cuarenta y tres	quarenta e três	[kwa'rẽta i 'tres]

cincuenta	cinquenta	[sĩ'kwẽta]
cincuenta y uno	cinquenta e um	[sĩ'kwẽta i ũ]
cincuenta y dos	cinquenta e dois	[sĩ'kwẽta i 'dojs]
cincuenta y tres	cinquenta e três	[sĩ'kwẽta i 'tres]

| sesenta | sessenta | [se'sẽta] |
| sesenta y uno | sessenta e um | [se'sẽta i ũ] |

| sesenta y dos | sessenta e dois | [se'sẽta i 'dojs] |
| sesenta y tres | sessenta e três | [se'sẽta i 'tres] |

setenta	setenta	[se'tẽta]
setenta y uno	setenta e um	[se'tẽta i ũ]
setenta y dos	setenta e dois	[se'tẽta i 'dojs]
setenta y tres	setenta e três	[se'tẽta i 'tres]

ochenta	oitenta	[oj'tẽta]
ochenta y uno	oitenta e um	[oj'tẽta i 'ũ]
ochenta y dos	oitenta e dois	[oj'tẽta i 'dojs]
ochenta y tres	oitenta e três	[oj'tẽta i 'tres]

noventa	noventa	[no'vẽta]
noventa y uno	noventa e um	[no'vẽta i 'ũ]
noventa y dos	noventa e dois	[no'vẽta i 'dojs]
noventa y tres	noventa e três	[no'vẽta i 'tres]

8. Números cardinales. Unidad 2

cien	cem	[sẽ]
doscientos	duzentos	[du'zẽtus]
trescientos	trezentos	[tre'zẽtus]
cuatrocientos	quatrocentos	[kwatro'sẽtus]
quinientos	quinhentos	[ki'ɲẽtus]

seiscientos	seiscentos	[sej'sẽtus]
setecientos	setecentos	[sete'sẽtus]
ochocientos	oitocentos	[ojtu'sẽtus]
novecientos	novecentos	[nove'sẽtus]

mil	mil	[miw]
dos mil	dois mil	['dojs miw]
tres mil	três mil	['tres miw]
diez mil	dez mil	['dɛz miw]
cien mil	cem mil	[sẽ miw]
millón (m)	um milhão	[ũ mi'ʎãw]
mil millones	um bilhão	[ũ bi'ʎãw]

9. Números ordinales

primero (adj)	primeiro	[pri'mejru]
segundo (adj)	segundo	[se'gũdu]
tercero (adj)	terceiro	[ter'sejru]
cuarto (adj)	quarto	['kwartu]
quinto (adj)	quinto	['kĩtu]

sexto (adj)	sexto	['sestu]
séptimo (adj)	sétimo	['sɛtʃimu]
octavo (adj)	oitavo	[oj'tavu]
noveno (adj)	nono	['nonu]
décimo (adj)	décimo	['dɛsimu]

LOS COLORES. LAS UNIDADES DE MEDIDA

10. Los colores

color (m)	cor (f)	[kɔr]
matiz (m)	tom (m)	[tõ]
tono (m)	tonalidade (m)	[tonali'daʤi]
arco (m) iris	arco-íris (m)	['arku 'iris]
blanco (adj)	branco	['brãku]
negro (adj)	preto	['pretu]
gris (adj)	cinza	['sĩza]
verde (adj)	verde	['verʤi]
amarillo (adj)	amarelo	[ama'rɛlu]
rojo (adj)	vermelho	[ver'meʎu]
azul (adj)	azul	[a'zuw]
azul claro (adj)	azul claro	[a'zuw 'klaru]
rosa (adj)	rosa	['hɔza]
naranja (adj)	laranja	[la'rãʒa]
violeta (adj)	violeta	[vjo'leta]
marrón (adj)	marrom	[ma'hõ]
dorado (adj)	dourado	[do'radu]
argentado (adj)	prateado	[pra'tʃjadu]
beige (adj)	bege	['bɛʒi]
crema (adj)	creme	['krɛmi]
turquesa (adj)	turquesa	[tur'keza]
rojo cereza (adj)	vermelho cereja	[ver'meʎu se'reʒa]
lila (adj)	lilás	[li'las]
carmesí (adj)	carmim	[kah'mĩ]
claro (adj)	claro	['klaru]
oscuro (adj)	escuro	[is'kuru]
vivo (adj)	vivo	['vivu]
de color (lápiz ~)	de cor	[de kɔr]
en colores (película ~)	a cores	[a 'kores]
blanco y negro (adj)	preto e branco	['pretu i 'brãku]
unicolor (adj)	de uma só cor	[de 'uma sɔ kɔr]
multicolor (adj)	multicolor	[muwtʃiko'lor]

11. Las unidades de medida

peso (m)	peso (m)	['pezu]
longitud (f)	comprimento (m)	[kõpri'mẽtu]

anchura (f)	largura (f)	[lar'gura]
altura (f)	altura (f)	[aw'tura]
profundidad (f)	profundidade (f)	[profũdʒi'dadʒi]
volumen (m)	volume (m)	[vo'lumi]
área (f)	área (f)	['arja]

gramo (m)	grama (m)	['grama]
miligramo (m)	miligrama (m)	[mili'grama]
kilogramo (m)	quilograma (m)	[kilo'grama]
tonelada (f)	tonelada (f)	[tune'lada]
libra (f)	libra (f)	['libra]
onza (f)	onça (f)	['õsa]

metro (m)	metro (m)	['mɛtru]
milímetro (m)	milímetro (m)	[mi'limetru]
centímetro (m)	centímetro (m)	[sẽ'tʃimetru]
kilómetro (m)	quilômetro (m)	[ki'lometru]
milla (f)	milha (f)	['miʎa]

pulgada (f)	polegada (f)	[pole'gada]
pie (m)	pé (m)	[pɛ]
yarda (f)	jarda (f)	['ʒarda]

| metro (m) cuadrado | metro (m) quadrado | ['mɛtru kwa'dradu] |
| hectárea (f) | hectare (m) | [ek'tari] |

litro (m)	litro (m)	['litru]
grado (m)	grau (m)	[graw]
voltio (m)	volt (m)	['vɔwtʃi]
amperio (m)	ampère (m)	[ã'pɛri]
caballo (m) de fuerza	cavalo (m) de potência	[ka'valu de po'tẽsja]

cantidad (f)	quantidade (f)	[kwãtʃi'dadʒi]
un poco de ...	um pouco de ...	[ũ 'poku de]
mitad (f)	metade (f)	[me'tadʒi]
docena (f)	dúzia (f)	['duzja]
pieza (f)	peça (f)	['pɛsa]

| dimensión (f) | tamanho (m), dimensão (f) | [ta'maɲu], [dʒimẽ'sãw] |
| escala (f) (del mapa) | escala (f) | [is'kala] |

mínimo (adj)	mínimo	['minimu]
el más pequeño (adj)	menor, mais pequeno	[me'nɔr], [majs pe'kenu]
medio (adj)	médio	['mɛdʒju]
máximo (adj)	máximo	['masimu]
el más grande (adj)	maior, mais grande	[ma'jɔr], [majs 'grãdʒi]

12. Contenedores

tarro (m) de vidrio	pote (m) de vidro	['pɔtʃi de 'vidru]
lata (f)	lata (f)	['lata]
cubo (m)	balde (m)	['bawdʒi]
barril (m)	barril (m)	[ba'hiw]
palangana (f)	bacia (f)	[ba'sia]

tanque (m)	**tanque** (m)	['tãki]
petaca (f) (de alcohol)	**cantil** (m) **de bolso**	[kã'tʃiw dʒi 'bowsu]
bidón (m) de gasolina	**galão** (m) **de gasolina**	[ga'lãw de gazo'lina]
cisterna (f)	**cisterna** (f)	[sis'tɛrna]
taza (f) (mug de cerámica)	**caneca** (f)	[ka'nɛka]
taza (f) (~ de café)	**xícara** (f)	['ʃikara]
platillo (m)	**pires** (m)	['piris]
vaso (m) (~ de agua)	**copo** (m)	['kɔpu]
copa (f) (~ de vino)	**taça** (f) **de vinho**	['tasa de 'viɲu]
olla (f)	**panela** (f)	[pa'nɛla]
botella (f)	**garrafa** (f)	[ga'hafa]
cuello (m) de botella	**gargalo** (m)	[gar'galu]
garrafa (f)	**jarra** (f)	['ʒaha]
jarro (m) (~ de agua)	**jarro** (m)	['ʒahu]
recipiente (m)	**recipiente** (m)	[hesi'pjẽtʃi]
tarro (m)	**pote** (m)	['pɔtʃi]
florero (m)	**vaso** (m)	['vazu]
frasco (m) (~ de perfume)	**frasco** (m)	['frasku]
frasquito (m)	**frasquinho** (m)	[fras'kiɲu]
tubo (m)	**tubo** (m)	['tubu]
saco (m) (~ de azúcar)	**saco** (m)	['saku]
bolsa (f) (~ plástica)	**sacola** (f)	[sa'kɔla]
paquete (m) (~ de cigarrillos)	**maço** (m)	['masu]
caja (f)	**caixa** (f)	['kaɪʃa]
cajón (m) (~ de madera)	**caixote** (m)	[kaj'ʃɔtʃi]
cesta (f)	**cesto** (m)	['sestu]

LOS VERBOS MÁS IMPORTANTES

13. Los verbos más importantes. Unidad 1

abrir (vt)	**abrir** (vt)	[a'brir]
acabar, terminar (vt)	**acabar, terminar** (vt)	[aka'bar], [termi'nar]
aconsejar (vt)	**aconselhar** (vt)	[akõse'ʎar]
adivinar (vt)	**adivinhar** (vt)	[adʒivi'ɲar]
advertir (vt)	**advertir** (vt)	[adʒiver'tʃir]
alabarse, jactarse (vr)	**gabar-se** (vr)	[ga'barsi]
almorzar (vi)	**almoçar** (vi)	[awmo'sar]
alquilar (~ una casa)	**alugar** (vt)	[alu'gar]
amenazar (vt)	**ameaçar** (vt)	[amea'sar]
arrepentirse (vr)	**arrepender-se** (vr)	[ahepẽ'dersi]
ayudar (vt)	**ajudar** (vt)	[aʒu'dar]
bañarse (vr)	**ir nadar**	[ir na'dar]
bromear (vi)	**brincar** (vi)	[brĩ'kar]
buscar (vt)	**buscar** (vt)	[bus'kar]
caer (vi)	**cair** (vi)	[ka'ir]
callarse (vr)	**ficar em silêncio**	[fi'kar ẽ si'lẽsju]
cambiar (vt)	**mudar** (vt)	[mu'dar]
castigar, punir (vt)	**punir** (vt)	[pu'nir]
cavar (vt)	**cavar** (vt)	[ka'var]
cazar (vi, vt)	**caçar** (vi)	[ka'sar]
cenar (vi)	**jantar** (vi)	[ʒã'tar]
cesar (vt)	**cessar** (vt)	[se'sar]
coger (vt)	**pegar** (vt)	[pe'gar]
comenzar (vt)	**começar** (vt)	[kome'sar]
comparar (vt)	**comparar** (vt)	[kõpa'rar]
comprender (vt)	**entender** (vt)	[ẽtẽ'der]
confiar (vt)	**confiar** (vt)	[kõ'fjar]
confundir (vt)	**confundir** (vt)	[kõfũ'dʒir]
conocer (~ a alguien)	**conhecer** (vt)	[koɲe'ser]
contar (vt) (enumerar)	**contar** (vt)	[kõ'tar]
contar con …	**contar com …**	[kõ'tar kõ]
continuar (vt)	**continuar** (vt)	[kõtʃi'nwar]
controlar (vt)	**controlar** (vt)	[kõtro'lar]
correr (vi)	**correr** (vi)	[ko'her]
costar (vt)	**custar** (vt)	[kus'tar]
crear (vt)	**criar** (vt)	[krjar]

14. Los verbos más importantes. Unidad 2

dar (vt)	**dar** (vt)	[dar]
dar una pista	**dar uma dica**	[dar 'uma 'dʒika]

decir (vt)	dizer (vt)	[dʒi'zer]
decorar (para la fiesta)	decorar (vt)	[deko'rar]
defender (vt)	defender (vt)	[defẽ'der]
dejar caer	deixar cair (vt)	[dej'ʃar ka'ir]
desayunar (vi)	tomar café da manhã	[to'mar ka'fɛ da ma'ɲã]
descender (vi)	descer (vi)	[de'ser]
dirigir (administrar)	dirigir (vt)	[dʒiri'ʒir]
disculpar (vt)	desculpar (vt)	[dʒiskuw'par]
disculparse (vr)	desculpar-se (vr)	[dʒiskuw'parsi]
discutir (vt)	discutir (vt)	[dʒisku'tʃir]
dudar (vt)	duvidar (vt)	[duvi'dar]
encontrar (hallar)	encontrar (vt)	[ẽkõ'trar]
engañar (vi, vt)	enganar (vt)	[ẽga'nar]
entrar (vi)	entrar (vi)	[ẽ'trar]
enviar (vt)	enviar (vt)	[ẽ'vjar]
equivocarse (vr)	errar (vi)	[e'har]
escoger (vt)	escolher (vt)	[isko'ʎer]
esconder (vt)	esconder (vt)	[iskõ'der]
escribir (vt)	escrever (vt)	[iskre'ver]
esperar (aguardar)	esperar (vt)	[ispe'rar]
esperar (tener esperanza)	esperar (vi, vt)	[ispe'rar]
estar (vi)	estar (vi)	[is'tar]
estar de acuerdo	concordar (vi)	[kõkor'dar]
estudiar (vt)	estudar (vt)	[istu'dar]
exigir (vt)	exigir (vt)	[ezi'ʒir]
existir (vi)	existir (vi)	[ezis'tʃir]
explicar (vt)	explicar (vt)	[ispli'kar]
faltar (a las clases)	faltar a ...	[faw'tar a]
firmar (~ el contrato)	assinar (vt)	[asi'nar]
girar (~ a la izquierda)	virar (vi)	[vi'rar]
gritar (vi)	gritar (vi)	[gri'tar]
guardar (conservar)	guardar (vt)	[gwar'dar]
gustar (vi)	gostar (vt)	[gos'tar]
hablar (vi, vt)	falar (vi)	[fa'lar]
hacer (vt)	fazer (vt)	[fa'zer]
informar (vt)	informar (vt)	[ĩfor'mar]
insistir (vi)	insistir (vi)	[ĩsis'tʃir]
insultar (vt)	insultar (vt)	[ĩsuw'tar]
interesarse (vr)	interessar-se (vr)	[ĩtere'sarsi]
invitar (vt)	convidar (vt)	[kõvi'dar]
ir (a pie)	ir (vi)	[ir]
jugar (divertirse)	brincar, jogar (vi, vt)	[brĩ'kar], [ʒo'gar]

15. Los verbos más importantes. Unidad 3

leer (vi, vt)	ler (vt)	[ler]
liberar (ciudad, etc.)	libertar, liberar (vt)	[liber'tar], [libe'rar]
llamar (por ayuda)	chamar (vt)	[ʃa'mar]

llegar (vi)	chegar (vi)	[ʃe'gar]
llorar (vi)	chorar (vi)	[ʃo'rar]
matar (vt)	matar (vt)	[ma'tar]
mencionar (vt)	mencionar (vt)	[mẽsjo'nar]
mostrar (vt)	mostrar (vt)	[mos'trar]
nadar (vi)	nadar (vi)	[na'dar]
negarse (vr)	negar-se (vt)	[ne'garsi]
objetar (vt)	objetar (vt)	[obʒe'tar]
observar (vt)	observar (vt)	[obser'var]
oír (vt)	ouvir (vt)	[o'vir]
olvidar (vt)	esquecer (vt)	[iske'ser]
orar (vi)	rezar, orar (vi)	[he'zar], [o'rar]
ordenar (mil.)	ordenar (vt)	[orde'nar]
pagar (vi, vt)	pagar (vt)	[pa'gar]
pararse (vr)	parar (vi)	[pa'rar]
participar (vi)	participar (vi)	[partʃisi'par]
pedir (ayuda, etc.)	pedir (vt)	[pe'dʒir]
pedir (en restaurante)	pedir (vt)	[pe'dʒir]
pensar (vi, vt)	pensar (vi, vt)	[pẽ'sar]
percibir (ver)	perceber (vt)	[perse'ber]
perdonar (vt)	perdoar (vt)	[per'dwar]
permitir (vt)	permitir (vt)	[permi'tʃir]
pertenecer a ...	pertencer (vt)	[pertẽ'ser]
planear (vt)	planejar (vt)	[plane'ʒar]
poder (v aux)	poder (vi)	[po'der]
poseer (vt)	possuir (vt)	[po'swir]
preferir (vt)	preferir (vt)	[prefe'rir]
preguntar (vt)	perguntar (vt)	[pergũ'tar]
preparar (la cena)	preparar (vt)	[prepa'rar]
prever (vt)	prever (vt)	[pre'ver]
probar, tentar (vt)	tentar (vt)	[tẽ'tar]
prometer (vt)	prometer (vt)	[prome'ter]
pronunciar (vt)	pronunciar (vt)	[pronũ'sjar]
proponer (vt)	propor (vt)	[pro'por]
quebrar (vt)	quebrar (vt)	[ke'brar]
quejarse (vr)	queixar-se (vr)	[kej'ʃarsi]
querer (amar)	amar (vt)	[a'mar]
querer (desear)	querer (vt)	[ke'rer]

16. Los verbos más importantes. Unidad 4

recomendar (vt)	recomendar (vt)	[hekomẽ'dar]
regañar, reprender (vt)	ralhar, repreender (vt)	[ha'ʎar], [heprjẽ'der]
reírse (vr)	rir (vi)	[hir]
repetir (vt)	repetir (vt)	[hepe'tʃir]
reservar (~ una mesa)	reservar (vt)	[hezer'var]

responder (vi, vt)	responder (vt)	[hespõ'der]

robar (vt)	roubar (vt)	[ho'bar]
saber (~ algo mas)	saber (vt)	[sa'ber]
salir (vi)	sair (vi)	[sa'ir]
salvar (vt)	salvar (vt)	[saw'var]
seguir ...	seguir ...	[se'gir]
sentarse (vr)	sentar-se (vr)	[sẽ'tarsi]

ser (vi)	ser (vi)	[ser]
ser necesario	ser necessário	[ser nese'sarju]
significar (vt)	significar (vt)	[signifi'kar]
sonreír (vi)	sorrir (vi)	[so'hir]
sorprenderse (vr)	surpreender-se (vr)	[surprjẽ'dersi]

subestimar (vt)	subestimar (vt)	[subestʃi'mar]
tener (vt)	ter (vt)	[ter]
tener hambre	ter fome	[ter 'fɔmi]
tener miedo	ter medo	[ter 'medu]

tener prisa	apressar-se (vr)	[apre'sarsi]
tener sed	ter sede	[ter 'sedʒi]
tirar, disparar (vi)	disparar, atirar (vi)	[dʒispa'rar], [atʃi'rar]
tocar (con las manos)	tocar (vt)	[to'kar]
tomar (vt)	pegar (vt)	[pe'gar]
tomar nota	anotar (vt)	[ano'tar]

trabajar (vi)	trabalhar (vi)	[traba'ʎar]
traducir (vt)	traduzir (vt)	[tradu'zir]
unir (vt)	unir (vt)	[u'nir]
vender (vt)	vender (vt)	[vẽ'der]
ver (vt)	ver (vt)	[ver]
volar (pájaro, avión)	voar (vi)	[vo'ar]

LA HORA. EL CALENDARIO

17. Los días de la semana

lunes (m)	segunda-feira (f)	[se'gŭda-'fejra]
martes (m)	terça-feira (f)	['tersa 'fejra]
miércoles (m)	quarta-feira (f)	['kwarta-'fejra]
jueves (m)	quinta-feira (f)	['kĩta-'fejra]
viernes (m)	sexta-feira (f)	['sesta-'fejra]
sábado (m)	sábado (m)	['sabadu]
domingo (m)	domingo (m)	[do'mĩgu]

hoy (adv)	hoje	['oʒi]
mañana (adv)	amanhã	[ama'ɲã]
pasado mañana	depois de amanhã	[de'pojs de ama'ɲã]
ayer (adv)	ontem	['õtẽ]
anteayer (adv)	anteontem	[ãtʃi'õtẽ]

día (m)	dia (m)	['dʒia]
día (m) de trabajo	dia (m) de trabalho	['dʒia de tra'baʎu]
día (m) de fiesta	feriado (m)	[fe'rjadu]
día (m) de descanso	dia (m) de folga	['dʒia de 'fɔwga]
fin (m) de semana	fim (m) de semana	[fĩ de se'mana]

todo el día	o dia todo	[u 'dʒia 'todu]
al día siguiente	no dia seguinte	[nu 'dʒia se'gĩtʃi]
dos días atrás	há dois dias	[a 'dojs 'dʒias]
en vísperas (adv)	na véspera	[na 'vɛspera]
diario (adj)	diário	['dʒjarju]
cada día (adv)	todos os dias	['todus us 'dʒias]

semana (f)	semana (f)	[se'mana]
semana (f) pasada	na semana passada	[na se'mana pa'sada]
semana (f) que viene	semana que vem	[se'mana ke vẽj]
semanal (adj)	semanal	[sema'naw]
cada semana (adv)	toda semana	['tɔda se'mana]
2 veces por semana	duas vezes por semana	['duas 'vezis por se'mana]
todos los martes	toda terça-feira	['tɔda tersa 'fejra]

18. Las horas. El día y la noche

mañana (f)	manhã (f)	[ma'ɲã]
por la mañana	de manhã	[de ma'ɲã]
mediodía (m)	meio-dia (m)	['meju 'dʒia]
por la tarde	à tarde	[a 'tardʒi]

noche (f)	tardinha (f)	[tar'dʒiɲa]
por la noche	à tardinha	[a tar'dʒiɲa]

noche (f) (p.ej. 2:00 a.m.)	noite (f)	['nojtʃi]
por la noche	à noite	[a 'nojtʃi]
medianoche (f)	meia-noite (f)	['meja 'nojtʃi]
segundo (m)	segundo (m)	[se'gũdu]
minuto (m)	minuto (m)	[mi'nutu]
hora (f)	hora (f)	['ɔra]
media hora (f)	meia hora (f)	['meja 'ɔra]
cuarto (m) de hora	quarto (m) de hora	['kwartu de 'ɔra]
quince minutos	quinze minutos	['kĩzi mi'nutus]
veinticuatro horas	vinte e quatro horas	['vĩtʃi i 'kwatru 'ɔras]
salida (f) del sol	nascer (m) do sol	[na'ser du sɔw]
amanecer (m)	amanhecer (m)	[amaɲe'ser]
madrugada (f)	madrugada (f)	[madru'gada]
puesta (f) del sol	pôr-do-sol (m)	[por du 'sɔw]
de madrugada	de madrugada	[de madru'gada]
esta mañana	esta manhã	['ɛsta ma'ɲã]
mañana por la mañana	amanhã de manhã	[ama'ɲã de ma'ɲã]
esta tarde	esta tarde	['ɛsta 'tardʒi]
por la tarde	à tarde	[a 'tardʒi]
mañana por la tarde	amanhã à tarde	[ama'ɲã a 'tardʒi]
esta noche (p.ej. 8:00 p.m.)	esta noite, hoje à noite	['ɛsta 'nojtʃi], ['oʒi a 'nojtʃi]
mañana por la noche	amanhã à noite	[ama'ɲã a 'nojtʃi]
a las tres en punto	às três horas em ponto	[as tres 'ɔras ẽ 'põtu]
a eso de las cuatro	por volta das quatro	[por 'vɔwta das 'kwatru]
para las doce	às doze	[as 'dozi]
dentro de veinte minutos	em vinte minutos	[ẽ 'vĩtʃi mi'nutus]
dentro de una hora	em uma hora	[ẽ 'uma 'ɔra]
a tiempo (adv)	a tempo	[a 'tẽpu]
… menos cuarto	… um quarto para	[… ũ 'kwartu 'para]
durante una hora	dentro de uma hora	['dẽtru de 'uma 'ɔra]
cada quince minutos	a cada quinze minutos	[a 'kada 'kĩzi mi'nutus]
día y noche	as vinte e quatro horas	[as 'vĩtʃi i 'kwatru 'ɔras]

19. Los meses. Las estaciones

enero (m)	janeiro (m)	[ʒa'nejru]
febrero (m)	fevereiro (m)	[feve'rejru]
marzo (m)	março (m)	['marsu]
abril (m)	abril (m)	[a'briw]
mayo (m)	maio (m)	['maju]
junio (m)	junho (m)	['ʒuɲu]
julio (m)	julho (m)	['ʒuʎu]
agosto (m)	agosto (m)	[a'gostu]
septiembre (m)	setembro (m)	[se'tẽbru]
octubre (m)	outubro (m)	[o'tubru]

noviembre (m)	novembro (m)	[no'vẽbru]
diciembre (m)	dezembro (m)	[de'zẽbru]
primavera (f)	primavera (f)	[prima'vɛra]
en primavera	na primavera	[na prima'vɛra]
de primavera (adj)	primaveril	[primave'riw]
verano (m)	verão (m)	[ve'rãw]
en verano	no verão	[nu ve'rãw]
de verano (adj)	de verão	[de ve'rãw]
otoño (m)	outono (m)	[o'tɔnu]
en otoño	no outono	[nu o'tɔnu]
de otoño (adj)	outonal	[oto'naw]
invierno (m)	inverno (m)	[ĩ'vɛrnu]
en invierno	no inverno	[nu ĩ'vɛrnu]
de invierno (adj)	de inverno	[de ĩ'vɛrnu]
mes (m)	mês (m)	[mes]
este mes	este mês	['estʃi mes]
al mes siguiente	mês que vem	['mes ki vẽj]
el mes pasado	no mês passado	[no mes pa'sadu]
hace un mes	um mês atrás	[ũ 'mes a'trajs]
dentro de un mes	em um mês	[ẽ ũ mes]
dentro de dos meses	em dois meses	[ẽ dojs 'mezis]
todo el mes	todo o mês	['todu u mes]
todo un mes	um mês inteiro	[ũ mes ĩ'tejru]
mensual (adj)	mensal	[mẽ'saw]
mensualmente (adv)	mensalmente	[mẽsaw'mẽtʃi]
cada mes	todo mês	['todu 'mes]
dos veces por mes	duas vezes por mês	['duas 'vezis por mes]
año (m)	ano (m)	['anu]
este año	este ano	['estʃi 'anu]
el próximo año	ano que vem	['anu ki vẽj]
el año pasado	no ano passado	[nu 'anu pa'sadu]
hace un año	há um ano	[a ũ 'anu]
dentro de un año	em um ano	[ẽ ũ 'anu]
dentro de dos años	dentro de dois anos	['dẽtru de 'dojs 'anus]
todo el año	todo o ano	['todu u 'anu]
todo un año	um ano inteiro	[ũ 'anu ĩ'tejru]
cada año	cada ano	['kada 'anu]
anual (adj)	anual	[a'nwaw]
anualmente (adv)	anualmente	[anwaw'mẽte]
cuatro veces por año	quatro vezes por ano	['kwatru 'vezis por 'anu]
fecha (f) (la ~ de hoy es ...)	data (f)	['data]
fecha (f) (~ de entrega)	data (f)	['data]
calendario (m)	calendário (m)	[kalẽ'darju]
medio año (m)	meio ano	['meju 'anu]
seis meses	seis meses	[sejs 'mezis]

| estación (f) | estação (f) | [ista'sãw] |
| siglo (m) | século (m) | ['sɛkulu] |

EL VIAJE. EL HOTEL

turismo (m)	**turismo** (m)	[tu'rizmu]
turista (m)	**turista** (m)	[tu'rista]
viaje (m)	**viagem** (f)	['vjaʒẽ]
aventura (f)	**aventura** (f)	[avẽ'tura]
viaje (m) (p.ej. ~ en coche)	**viagem** (f)	['vjaʒẽ]
vacaciones (f pl)	**férias** (f pl)	['fɛrjas]
estar de vacaciones	**estar de férias**	[is'tar de 'fɛrjas]
descanso (m)	**descanso** (m)	[dʒis'kãsu]
tren (m)	**trem** (m)	[trẽj]
en tren	**de trem**	[de trẽj]
avión (m)	**avião** (m)	[a'vjãw]
en avión	**de avião**	[de a'vjãw]
en coche	**de carro**	[de 'kaho]
en barco	**de navio**	[de na'viu]
equipaje (m)	**bagagem** (f)	[ba'gaʒẽ]
maleta (f)	**mala** (f)	['mala]
carrito (m) de equipaje	**carrinho** (m)	[ka'hiɲu]
pasaporte (m)	**passaporte** (m)	[pasa'portʃi]
visado (m)	**visto** (m)	['vistu]
billete (m)	**passagem** (f)	[pa'saʒẽ]
billete (m) de avión	**passagem** (f) **aérea**	[pa'saʒẽ a'erja]
guía (f) (libro)	**guia** (m) **de viagem**	['gia de vi'aʒẽ]
mapa (m)	**mapa** (m)	['mapa]
área (f) (~ rural)	**área** (f)	['arja]
lugar (m)	**lugar** (m)	[lu'gar]
exotismo (m)	**exotismo** (m)	[ezo'tʃizmu]
exótico (adj)	**exótico**	[e'zɔtʃiku]
asombroso (adj)	**surpreendente**	[surprjẽ'dẽtʃi]
grupo (m)	**grupo** (m)	['grupu]
excursión (f)	**excursão** (f)	[iskur'sãw]
guía (m) (persona)	**guia** (m)	['gia]

hotel (m)	**hotel** (m)	[o'tɛw]
motel (m)	**motel** (m)	[mo'tɛw]
de tres estrellas	**três estrelas**	['tres is'trelas]

| de cinco estrellas | cinco estrelas | ['sĩku is'trelas] |
| hospedarse (vr) | ficar (vi, vt) | [fi'kar] |

habitación (f)	quarto (m)	['kwartu]
habitación (f) individual	quarto (m) individual	['kwartu ĩdʒivi'dwaw]
habitación (f) doble	quarto (m) duplo	['kwartu 'duplu]
reservar una habitación	reservar um quarto	[hezer'var ũ 'kwartu]

| media pensión (f) | meia pensão (f) | ['meja pẽ'sãw] |
| pensión (f) completa | pensão (f) completa | [pẽ'sãw kõ'plɛta] |

con baño	com banheira	[kõ ba'ɲejra]
con ducha	com chuveiro	[kõ ʃu'vejru]
televisión (f) satélite	televisão (m) por satélite	[televi'zãw por sa'tɛlitʃi]
climatizador (m)	ar (m) condicionado	[ar kõdʒisjo'nadu]
toalla (f)	toalha (f)	[to'aʎa]
llave (f)	chave (f)	['ʃavi]

administrador (m)	administrador (m)	[adʒiministra'dor]
camarera (f)	camareira (f)	[kama'rejra]
maletero (m)	bagageiro (m)	[baga'ʒejru]
portero (m)	porteiro (m)	[por'tejru]

restaurante (m)	restaurante (m)	[hestaw'rãtʃi]
bar (m)	bar (m)	[bar]
desayuno (m)	café (m) da manhã	[ka'fɛ da ma'ɲã]
cena (f)	jantar (m)	[ʒã'tar]
buffet (m) libre	bufê (m)	[bu'fe]

| vestíbulo (m) | saguão (m) | [sa'gwãw] |
| ascensor (m) | elevador (m) | [eleva'dor] |

| NO MOLESTAR | NÃO PERTURBE | ['nãw per'turbi] |
| PROHIBIDO FUMAR | PROIBIDO FUMAR! | [proi'bidu fu'mar] |

22. El turismo. La excursión

monumento (m)	monumento (m)	[monu'mẽtu]
fortaleza (f)	fortaleza (f)	[forta'leza]
palacio (m)	palácio (m)	[pa'lasju]
castillo (m)	castelo (m)	[kas'tɛlu]
torre (f)	torre (f)	['tohi]
mausoleo (m)	mausoléu (m)	[mawzo'lɛw]

arquitectura (f)	arquitetura (f)	[arkite'tura]
medieval (adj)	medieval	[medʒje'vaw]
antiguo (adj)	antigo	[ã'tʃigu]
nacional (adj)	nacional	[nasjo'naw]
conocido (adj)	famoso	[fa'mozu]

turista (m)	turista (m)	[tu'rista]
guía (m) (persona)	guia (m)	['gia]
excursión (f)	excursão (f)	[iskur'sãw]
mostrar (vt)	mostrar (vt)	[mos'trar]

contar (una historia)	**contar** (vt)	[kõ'tar]
encontrar (hallar)	**encontrar** (vt)	[ẽkõ'trar]
perderse (vr)	**perder-se** (vr)	[per'dersi]
plano (m) (~ de metro)	**mapa** (m)	['mapa]
mapa (m) (~ de la ciudad)	**mapa** (m)	['mapa]
recuerdo (m)	**lembrança** (f), **presente** (m)	[lẽ'brãsa], [pre'zẽtʃi]
tienda (f) de regalos	**loja** (f) **de presentes**	['lɔʒa de pre'zẽtʃis]
hacer fotos	**tirar fotos**	[tʃi'rar 'fotus]
fotografiarse (vr)	**fotografar-se** (vr)	[fotogra'farse]

EL TRANSPORTE

23. El aeropuerto

aeropuerto (m)	aeroporto (m)	[aero'portu]
avión (m)	avião (m)	[a'vjãw]
compañía (f) aérea	companhia (f) aérea	[kõpa'ɲia a'erja]
controlador (m) aéreo	controlador (m) de tráfego aéreo	[kõtrola'dor de 'trafegu a'erju]

despegue (m)	partida (f)	[par'tʃida]
llegada (f)	chegada (f)	[ʃe'gada]
llegar (en avión)	chegar (vi)	[ʃe'gar]

hora (f) de salida	hora (f) de partida	['ɔra de par'tʃida]
hora (f) de llegada	hora (f) de chegada	['ɔra de ʃe'gada]

retrasarse (vr)	estar atrasado	[is'tar atra'zadu]
retraso (m) de vuelo	atraso (m) de voo	[a'trazu de 'vou]

pantalla (f) de información	painel (m) de informação	[paj'nɛw de ĩforma'sãw]
información (f)	informação (f)	[ĩforma'sãw]
anunciar (vt)	anunciar (vt)	[anũ'sjar]
vuelo (m)	voo (m)	['vou]

aduana (f)	alfândega (f)	[aw'fãdʒiga]
aduanero (m)	funcionário (m) da alfândega	[fũsjo'narju da aw'fãdʒiga]

declaración (f) de aduana	declaração (f) alfandegária	[deklara'sãw awfãde'garja]
rellenar (vt)	preencher (vt)	[preẽ'ʃer]
rellenar la declaración	preencher a declaração	[preẽ'ʃer a deklara'sãw]
control (m) de pasaportes	controle (m) de passaporte	[kõ'troli de pasa'pɔrtʃi]

equipaje (m)	bagagem (f)	[ba'gaʒẽ]
equipaje (m) de mano	bagagem (f) de mão	[ba'gaʒẽ de 'mãw]
carrito (m) de equipaje	carrinho (m)	[ka'hiɲu]

aterrizaje (m)	pouso (m)	['pozu]
pista (f) de aterrizaje	pista (f) de pouso	['pista de 'pozu]
aterrizar (vi)	aterrissar (vi)	[atehi'sar]
escaleras (f pl) (de avión)	escada (f) de avião	[is'kada de a'vjãw]

facturación (f) (check-in)	check-in (m)	[ʃɛ'kin]
mostrador (m) de facturación	balcão (m) do check-in	[baw'kãw du ʃɛ'kin]
hacer el check-in	fazer o check-in	[fa'zer u ʃɛ'kin]
tarjeta (f) de embarque	cartão (m) de embarque	[kar'tãw de ẽ'barki]
puerta (f) de embarque	portão (m) de embarque	[por'tãw de ẽ'barki]

tránsito (m)	trânsito (m)	['trãzitu]
esperar (aguardar)	esperar (vt)	[ispe'rar]

zona (f) de preembarque	sala (f) de espera	['sala de is'pɛra]
despedir (vt)	despedir-se de ...	[dʒispe'dʒirsi de]
despedirse (vr)	despedir-se (vr)	[dʒispe'dʒirsi]

24. El avión

avión (m)	avião (m)	[a'vjãw]
billete (m) de avión	passagem (f) aérea	[pa'saʒẽ a'erja]
compañía (f) aérea	companhia (f) aérea	[kõpa'ɲia a'erja]
aeropuerto (m)	aeroporto (m)	[aero'portu]
supersónico (adj)	supersônico	[super'soniku]
comandante (m)	comandante (m) do avião	[komã'dãtʃi du a'vjãw]
tripulación (f)	tripulação (f)	[tripula'sãw]
piloto (m)	piloto (m)	[pi'lotu]
azafata (f)	aeromoça (f)	[aero'mosa]
navegador (m)	copiloto (m)	[kopi'lotu]
alas (f pl)	asas (f pl)	['azas]
cola (f)	cauda (f)	['kawda]
cabina (f)	cabine (f)	[ka'bini]
motor (m)	motor (m)	[mo'tor]
tren (m) de aterrizaje	trem (m) de pouso	[trẽj de 'pozu]
turbina (f)	turbina (f)	[tur'bina]
hélice (f)	hélice (f)	['ɛlisi]
caja (f) negra	caixa-preta (f)	['kaɪʃa 'preta]
timón (m)	coluna (f) de controle	[ko'luna de kõ'troli]
combustible (m)	combustível (m)	[kõbus'tʃivew]
instructivo (m) de seguridad	instruções (f pl) de segurança	[ĩstru'sõjs de segu'rãsa]
respirador (m) de oxígeno	máscara (f) de oxigênio	['maskara de oksi'ʒenju]
uniforme (m)	uniforme (m)	[uni'formi]
chaleco (m) salvavidas	colete (m) salva-vidas	[ko'letʃi 'sawva 'vidas]
paracaídas (m)	paraquedas (m)	[para'kɛdas]
despegue (m)	decolagem (f)	[deko'laʒẽ]
despegar (vi)	descolar (vi)	[dʒisko'lar]
pista (f) de despegue	pista (f) de decolagem	['pista de deko'laʒẽ]
visibilidad (f)	visibilidade (f)	[vizibili'dadʒi]
vuelo (m)	voo (m)	['vou]
altura (f)	altura (f)	[aw'tura]
pozo (m) de aire	poço (m) de ar	['posu de 'ar]
asiento (m)	assento (m)	[a'sẽtu]
auriculares (m pl)	fone (m) de ouvido	['foni de o'vidu]
mesita (f) plegable	mesa (f) retrátil	['meza he'tratʃiw]
ventana (f)	janela (f)	[ʒa'nɛla]
pasillo (m)	corredor (m)	[kohe'dor]

25. El tren

tren (m)	trem (m)	[trẽj]
tren (m) de cercanías	trem (m) elétrico	[trẽj e'lɛtriku]
tren (m) rápido	trem (m)	[trẽj]
locomotora (f) diésel	locomotiva (f) diesel	[lokomo'tʃiva 'dʒizew]
tren (m) de vapor	locomotiva (f) a vapor	[lokomo'tʃiva a va'por]
coche (m)	vagão (f) de passageiros	[va'gãw de pasa'ʒejrus]
coche (m) restaurante	vagão-restaurante (m)	[va'gãw-hestaw'rãtʃi]
rieles (m pl)	carris (m pl)	[ka'his]
ferrocarril (m)	estrada (f) de ferro	[is'trada de 'fɛhu]
traviesa (f)	travessa (f)	[tra'vɛsa]
plataforma (f)	plataforma (f)	[plata'fɔrma]
vía (f)	linha (f)	['liɲa]
semáforo (m)	semáforo (m)	[se'maforu]
estación (f)	estação (f)	[ista'sãw]
maquinista (m)	maquinista (m)	[maki'nista]
maletero (m)	bagageiro (m)	[baga'ʒejru]
mozo (m) del vagón	hospedeiro, -a (m, f)	[ospe'dejru, -a]
pasajero (m)	passageiro (m)	[pasa'ʒejru]
revisor (m)	revisor (m)	[hevi'zor]
corredor (m)	corredor (m)	[kohe'dor]
freno (m) de urgencia	freio (m) de emergência	['freju de imer'ʒẽsja]
compartimiento (m)	compartimento (m)	[kõpartʃi'mẽtu]
litera (f)	cama (f)	['kama]
litera (f) de arriba	cama (f) de cima	['kama de 'sima]
litera (f) de abajo	cama (f) de baixo	['kama de 'baɪʃu]
ropa (f) de cama	roupa (f) de cama	['hopa de 'kama]
billete (m)	passagem (f)	[pa'saʒẽ]
horario (m)	horário (m)	[o'rarju]
pantalla (f) de información	painel (m) de informação	[paj'nɛw de ĩforma'sãw]
partir (vi)	partir (vt)	[par'tʃir]
partida (f) (del tren)	partida (f)	[par'tʃida]
llegar (tren)	chegar (vi)	[ʃe'gar]
llegada (f)	chegada (f)	[ʃe'gada]
llegar en tren	chegar de trem	[ʃe'gar de trẽj]
tomar el tren	pegar o trem	[pe'gar u trẽj]
bajar del tren	descer de trem	[de'ser de trẽj]
descarrilamiento (m)	acidente (m) ferroviário	[asi'dẽtʃi feho'vjarju]
descarrilarse (vr)	descarrilar (vi)	[dʒiskahi'ʎar]
tren (m) de vapor	locomotiva (f) a vapor	[lokomo'tʃiva a va'por]
fogonero (m)	foguista (m)	[fo'gista]
hogar (m)	fornalha (f)	[for'naʎa]
carbón (m)	carvão (m)	[kar'vãw]

26. El barco

Español	Portugués	Pronunciación
barco, buque (m)	navio (m)	[na'viu]
navío (m)	embarcação (f)	[ẽbarka'sãw]
buque (m) de vapor	barco (m) a vapor	['barku a va'por]
motonave (f)	barco (m) fluvial	['barku flu'vjaw]
trasatlántico (m)	transatlântico (m)	[trãzat'lãtʃiku]
crucero (m)	cruzeiro (m)	[kru'zejru]
yate (m)	iate (m)	['jatʃi]
remolcador (m)	rebocador (m)	[heboka'dor]
barcaza (f)	barcaça (f)	[bar'kasa]
ferry (m)	ferry (m), balsa (f)	['fɛʀi], ['balsa]
velero (m)	veleiro (m)	[ve'lejru]
bergantín (m)	bergantim (m)	[behgã'tʃĩ]
rompehielos (m)	quebra-gelo (m)	['kɛbra 'ʒelu]
submarino (m)	submarino (m)	[subma'rinu]
bote (m) de remo	bote, barco (m)	['botʃi], ['barku]
bote (m)	baleeira (f)	[bale'ejra]
bote (m) salvavidas	bote (m) salva-vidas	['botʃi 'sawva 'vidas]
lancha (f) motora	lancha (f)	['lãʃa]
capitán (m)	capitão (m)	[kapi'tãw]
marinero (m)	marinheiro (m)	[mari'ɲejru]
marino (m)	marujo (m)	[ma'ruʒu]
tripulación (f)	tripulação (f)	[tripula'sãw]
contramaestre (m)	contramestre (m)	[kõtra'mɛstri]
grumete (m)	grumete (m)	[gru'mɛtʃi]
cocinero (m) de abordo	cozinheiro (m) de bordo	[kozi'ɲejru de 'bordu]
médico (m) del buque	médico (m) de bordo	['mɛdʒiku de 'bordu]
cubierta (f)	convés (m)	[kõ'vɛs]
mástil (m)	mastro (m)	['mastru]
vela (f)	vela (f)	['vɛla]
bodega (f)	porão (m)	[po'rãw]
proa (f)	proa (f)	['proa]
popa (f)	popa (f)	['popa]
remo (m)	remo (m)	['hɛmu]
hélice (f)	hélice (f)	['ɛlisi]
camarote (m)	cabine (m)	[ka'bini]
sala (f) de oficiales	sala (f) dos oficiais	['sala dus ofi'sjajs]
sala (f) de máquinas	sala (f) das máquinas	['sala das 'makinas]
puente (m) de mando	ponte (m) de comando	['põtʃi de ko'mãdu]
sala (f) de radio	sala (f) de comunicações	['sala de komunika'sõjs]
onda (f)	onda (f)	['õda]
cuaderno (m) de bitácora	diário (m) de bordo	['dʒjarju de 'bordu]
anteojo (m)	luneta (f)	[lu'neta]
campana (f)	sino (m)	['sinu]

bandera (f)	bandeira (f)	[bã'dejra]
cabo (m) (maroma)	cabo (m)	['kabu]
nudo (m)	nó (m)	[nɔ]
pasamano (m)	corrimão (m)	[kohi'mãw]
pasarela (f)	prancha (f) de embarque	['prãʃa de ẽ'barki]
ancla (f)	âncora (f)	['ãkora]
levar ancla	recolher a âncora	[heko'ʎer a 'ãkora]
echar ancla	jogar a âncora	[ʒo'gar a 'ãkora]
cadena (f) del ancla	amarra (f)	[a'maha]
puerto (m)	porto (m)	['portu]
embarcadero (m)	cais, amarradouro (m)	[kajs], [amaha'doru]
amarrar (vt)	atracar (vi)	[atra'kar]
desamarrar (vt)	desatracar (vi)	[dʒizatra'kar]
viaje (m)	viagem (f)	['vjaʒẽ]
crucero (m) (viaje)	cruzeiro (m)	[kru'zejru]
derrota (f) (rumbo)	rumo (m)	['humu]
itinerario (m)	itinerário (m)	[itʃine'rarju]
canal (m) navegable	canal (m) de navegação	[ka'naw de navega'sãw]
bajío (m)	banco (m) de areia	['bãku de a'reja]
encallar (vi)	encalhar (vt)	[ẽka'ʎar]
tempestad (f)	tempestade (f)	[tẽpes'tadʒi]
señal (f)	sinal (m)	[si'naw]
hundirse (vr)	afundar-se (vr)	[afũ'darse]
¡Hombre al agua!	Homem ao mar!	['ɔmẽ aw mah]
SOS	SOS	[ɛseo'ɛsi]
aro (m) salvavidas	boia (f) salva-vidas	['bɔja 'sawva 'vidas]

LA CIUDAD

27. El transporte urbano

autobús (m)	ônibus (m)	['onibus]
tranvía (m)	bonde (m) elétrico	['bõdʒi e'lɛtriku]
trolebús (m)	trólebus (m)	['trɔlebus]
itinerario (m)	rota (f), itinerário (m)	['hɔta], [itʃine'rarju]
número (m)	número (m)	['numeru]
ir en ...	ir de ...	[ir de]
tomar (~ el autobús)	entrar no ...	[ẽ'trar nu]
bajar (~ del tren)	descer do ...	[de'ser du]
parada (f)	parada (f)	[pa'rada]
próxima parada (f)	próxima parada (f)	['prɔsima pa'rada]
parada (f) final	terminal (m)	[termi'naw]
horario (m)	horário (m)	[o'rarju]
esperar (aguardar)	esperar (vt)	[ispe'rar]
billete (m)	passagem (f)	[pa'saʒẽ]
precio (m) del billete	tarifa (f)	[ta'rifa]
cajero (m)	bilheteiro (m)	[biʎe'tejru]
control (m) de billetes	controle (m) de passagens	[kõ'trɔli de pa'saʒãjʃ]
revisor (m)	revisor (m)	[hevi'zor]
llegar tarde (vi)	atrasar-se (vr)	[atra'zarsi]
perder (~ el tren)	perder (vt)	[per'der]
tener prisa	estar com pressa	[is'tar kõ 'prɛsa]
taxi (m)	táxi (m)	['taksi]
taxista (m)	taxista (m)	[tak'sista]
en taxi	de táxi	[de 'taksi]
parada (f) de taxi	ponto (m) de táxis	['põtu de 'taksis]
llamar un taxi	chamar um táxi	[ʃa'mar ũ 'taksi]
tomar un taxi	pegar um táxi	[pe'gar ũ 'taksi]
tráfico (m)	tráfego (m)	['trafegu]
atasco (m)	engarrafamento (m)	[ẽgahafa'mẽtu]
horas (f pl) de punta	horas (f pl) de pico	['ɔras de 'piku]
aparcar (vi)	estacionar (vi)	[istasjo'nar]
aparcar (vt)	estacionar (vt)	[istasjo'nar]
aparcamiento (m)	parque (m) de estacionamento	['parki de istasjona'mẽtu]
metro (m)	metrô (m)	[me'tro]
estación (f)	estação (f)	[ista'sãw]
ir en el metro	ir de metrô	[ir de me'tro]
tren (m)	trem (m)	[trẽj]
estación (f)	estação (f) de trem	[ista'sãw de trẽj]

28. La ciudad. La vida en la ciudad

ciudad (f)	cidade (f)	[si'dadʒi]
capital (f)	capital (f)	[kapi'taw]
aldea (f)	aldeia (f)	[aw'deja]
plano (m) de la ciudad	mapa (m) da cidade	['mapa da si'dadʒi]
centro (m) de la ciudad	centro (m) da cidade	['sẽtru da si'dadʒi]
suburbio (m)	subúrbio (m)	[su'burbju]
suburbano (adj)	suburbano	[subur'banu]
arrabal (m)	periferia (f)	[perife'ria]
afueras (f pl)	arredores (m pl)	[ahe'dɔris]
barrio (m)	quarteirão (m)	[kwartej'rãw]
zona (f) de viviendas	quarteirão (m) residencial	[kwartej'rãw hezidẽ'sjaw]
tráfico (m)	tráfego (m)	['trafegu]
semáforo (m)	semáforo (m)	[se'maforu]
transporte (m) urbano	transporte (m) público	[trãs'portʃi 'publiku]
cruce (m)	cruzamento (m)	[kruza'mẽtu]
paso (m) de peatones	faixa (f)	['fajʃa]
paso (m) subterráneo	túnel (m)	['tunew]
cruzar (vt)	cruzar, atravessar (vt)	[kru'zar], [atrave'sar]
peatón (m)	pedestre (m)	[pe'dɛstri]
acera (f)	calçada (f)	[kaw'sada]
puente (m)	ponte (f)	['põtʃi]
muelle (m)	margem (f) do rio	['marʒẽ du 'hiu]
fuente (f)	fonte (f)	['fõtʃi]
alameda (f)	alameda (f)	[ala'meda]
parque (m)	parque (m)	['parki]
bulevar (m)	bulevar (m)	[bule'var]
plaza (f)	praça (f)	['prasa]
avenida (f)	avenida (f)	[ave'nida]
calle (f)	rua (f)	['hua]
callejón (m)	travessa (f)	[tra'vɛsa]
callejón (m) sin salida	beco (m) sem saída	['beku sẽ sa'ida]
casa (f)	casa (f)	['kaza]
edificio (m)	edifício, prédio (m)	[edʒi'fisju], ['prɛdʒju]
rascacielos (m)	arranha-céu (m)	[a'haɲa-sɛw]
fachada (f)	fachada (f)	[fa'ʃada]
techo (m)	telhado (m)	[te'ʎadu]
ventana (f)	janela (f)	[ʒa'nɛla]
arco (m)	arco (m)	['arku]
columna (f)	coluna (f)	[ko'luna]
esquina (f)	esquina (f)	[is'kina]
escaparate (f)	vitrine (f)	[vi'trini]
letrero (m) (~ luminoso)	letreiro (m)	[le'trejru]
cartel (m)	cartaz (m)	[kar'taz]
cartel (m) publicitario	cartaz (m) publicitário	[kar'taz publisi'tarju]

valla (f) publicitaria	**painel** (m) **publicitário**	[paj'nɛw publisi'tarju]
basura (f)	**lixo** (m)	['liʃu]
cajón (m) de basura	**lixeira** (f)	[li'ʃejra]
tirar basura	**jogar lixo na rua**	[ʒo'gar 'liʃu na 'hua]
basurero (m)	**aterro** (m) **sanitário**	[a'tehu sani'tarju]

cabina (f) telefónica	**orelhão** (m)	[ore'ʎãw]
farola (f)	**poste** (m) **de luz**	['pɔstʃi de luz]
banco (m) (del parque)	**banco** (m)	['bãku]

policía (m)	**polícia** (m)	[po'lisja]
policía (f) (~ nacional)	**polícia** (f)	[po'lisja]
mendigo (m)	**mendigo, pedinte** (m)	[mẽ'dʒigu], [pe'dʒĩtʃi]
persona (f) sin hogar	**desabrigado** (m)	[dʒizabri'gadu]

29. Las instituciones urbanas

tienda (f)	**loja** (f)	['lɔʒa]
farmacia (f)	**drogaria** (f)	[droga'ria]
óptica (f)	**ótica** (f)	['ɔtʃika]
centro (m) comercial	**centro** (m) **comercial**	['sẽtru komer'sjaw]
supermercado (m)	**supermercado** (m)	[supermer'kadu]

panadería (f)	**padaria** (f)	[pada'ria]
panadero (m)	**padeiro** (m)	[pa'dejru]
pastelería (f)	**pastelaria** (f)	[pastela'ria]
tienda (f) de comestibles	**mercearia** (f)	[mersja'ria]
carnicería (f)	**açougue** (m)	[a'sogi]

verdulería (f)	**fruteira** (f)	[fru'tejra]
mercado (m)	**mercado** (m)	[mer'kadu]

cafetería (f)	**cafeteria** (f)	[kafete'ria]
restaurante (m)	**restaurante** (m)	[hestaw'rãtʃi]
cervecería (f)	**bar** (m)	[bar]
pizzería (f)	**pizzaria** (f)	[pitsa'ria]

peluquería (f)	**salão** (m) **de cabeleireiro**	[sa'lãw de kabelej'rejru]
oficina (f) de correos	**agência** (f) **dos correios**	[a'ʒẽsja dus ko'hejus]
tintorería (f)	**lavanderia** (f)	[lavãde'ria]
estudio (m) fotográfico	**estúdio** (m) **fotográfico**	[is'tudʒu foto'grafiku]

zapatería (f)	**sapataria** (f)	[sapata'ria]
librería (f)	**livraria** (f)	[livra'ria]
tienda (f) deportiva	**loja** (f) **de artigos esportivos**	['lɔʒa de ar'tʃigus ispor'tʃivus]

arreglos (m pl) de ropa	**costureira** (m)	[kostu'rejra]
alquiler (m) de ropa	**aluguel** (m) **de roupa**	[alu'gɛw de 'hopa]
videoclub (m)	**videolocadora** (f)	['vidʒju·loka'dɔra]

circo (m)	**circo** (m)	['sirku]
zoológico (m)	**jardim** (m) **zoológico**	[ʒar'dʒĩ zo'lɔʒiku]
cine (m)	**cinema** (m)	[si'nɛma]
museo (m)	**museu** (m)	[mu'zew]

biblioteca (f)	biblioteca (f)	[bibljo'tɛka]
teatro (m)	teatro (m)	['tʃatru]
ópera (f)	ópera (f)	['ɔpera]
club (m) nocturno	boate (f)	['bwatʃi]
casino (m)	cassino (m)	[ka'sinu]

mezquita (f)	mesquita (f)	[mes'kita]
sinagoga (f)	sinagoga (f)	[sina'gɔga]
catedral (f)	catedral (f)	[kate'draw]
templo (m)	templo (m)	['tẽplu]
iglesia (f)	igreja (f)	[i'greʒa]

instituto (m)	faculdade (f)	[fakuw'dadʒi]
universidad (f)	universidade (f)	[universi'dadʒi]
escuela (f)	escola (f)	[is'kɔla]

prefectura (f)	prefeitura (f)	[prefej'tura]
alcaldía (f)	câmara (f) municipal	['kamara munisi'paw]
hotel (m)	hotel (m)	[o'tɛw]
banco (m)	banco (m)	['bãku]

embajada (f)	embaixada (f)	[ẽbaj'ʃada]
agencia (f) de viajes	agência (f) de viagens	[a'ʒẽsja de 'vjaʒẽs]
oficina (f) de información	agência (f) de informações	[a'ʒẽsja de ĩforma'sõjs]
oficina (f) de cambio	casa (f) de câmbio	['kaza de 'kãbju]

metro (m)	metrô (m)	[me'tro]
hospital (m)	hospital (m)	[ospi'taw]

gasolinera (f)	posto (m) de gasolina	['postu de gazo'lina]
aparcamiento (m)	parque (m) de estacionamento	['parki de istasjona'mẽtu]

30. Los avisos

letrero (m) (~ luminoso)	letreiro (m)	[le'trejru]
cartel (m) (texto escrito)	aviso (m)	[a'vizu]
pancarta (f)	pôster (m)	['poster]
señal (m) de dirección	placa (f) de direção	['plaka]
flecha (f) (signo)	seta (f)	['sɛta]

advertencia (f)	aviso (m), advertência (f)	[a'vizu], [adʒiver'tẽsja]
aviso (m)	sinal (m) de aviso	[si'naw de a'vizu]
advertir (vt)	avisar, advertir (vt)	[avi'zar], [adʒiver'tʃir]

día (m) de descanso	dia (m) de folga	['dʒia de 'fɔwga]
horario (m)	horário (m)	[o'rarju]
horario (m) de apertura	horário (m)	[o'rarju]

¡BIENVENIDOS!	BEM-VINDOS!	[bẽj 'vĩdu]
ENTRADA	ENTRADA	[ẽ'trada]
SALIDA	SAÍDA	[sa'ida]
EMPUJAR	EMPURRE	[ẽ'puhe]
TIRAR	PUXE	['puʃe]

| ABIERTO | ABERTO | [a'bɛrtu] |
| CERRADO | FECHADO | [fe'ʃadu] |

| MUJERES | MULHER | [mu'ʎer] |
| HOMBRES | HOMEM | ['ɔmẽ] |

REBAJAS	DESCONTOS	[dʒis'kõtus]
SALDOS	SALDOS, PROMOÇÃO	['sawdus], [promo'sãw]
NOVEDAD	NOVIDADE!	[novi'dadʒi]
GRATIS	GRÁTIS	['gratʃis]

¡ATENCIÓN!	ATENÇÃO!	[atẽ'sãw]
COMPLETO	NÃO HÁ VAGAS	['nãw a 'vagas]
RESERVADO	RESERVADO	[hezer'vadu]

ADMINISTRACIÓN	ADMINISTRAÇÃO	[adʒiministra'sãw]
SÓLO PERSONAL	SOMENTE PESSOAL	[sɔ'mẽtʃi pe'swaw
AUTORIZADO	AUTORIZADO	awtori'zadu]

CUIDADO CON EL PERRO	CUIDADO CÃO FEROZ	[kwi'dadu kãw fe'rɔz]
PROHIBIDO FUMAR	PROIBIDO FUMAR!	[proi'bidu fu'mar]
NO TOCAR	NÃO TOCAR	['nãw to'kar]

PELIGROSO	PERIGOSO	[peri'gozu]
PELIGRO	PERIGO	[pe'rigu]
ALTA TENSIÓN	ALTA TENSÃO	['awta tẽ'sãw]
PROHIBIDO BAÑARSE	PROIBIDO NADAR	[proi'bidu na'dar]
NO FUNCIONA	COM DEFEITO	[kõ de'fejtu]

INFLAMABLE	INFLAMÁVEL	[ĩfla'mavew]
PROHIBIDO	PROIBIDO	[proi'bidu]
PROHIBIDO EL PASO	ENTRADA PROIBIDA	[ẽ'trada proi'bida]
RECIÉN PINTADO	CUIDADO TINTA FRESCA	[kwi'dadu 'tʃĩta 'freska]

31. Las compras

comprar (vt)	comprar (vt)	[kõ'prar]
compra (f)	compra (f)	['kõpra]
hacer compras	fazer compras	[fa'zer 'kõpras]
compras (f pl)	compras (f pl)	['kõpras]

| estar abierto (tienda) | estar aberta | [is'tar a'bɛrta] |
| estar cerrado | estar fechada | [is'tar fe'ʃada] |

calzado (m)	calçado (m)	[kaw'sadu]
ropa (f)	roupa (f)	['hopa]
cosméticos (m pl)	cosméticos (m pl)	[koz'mɛtʃikus]
productos alimenticios	alimentos (m pl)	[ali'mẽtus]
regalo (m)	presente (m)	[pre'zẽtʃi]

vendedor (m)	vendedor (m)	[vẽde'dor]
vendedora (f)	vendedora (f)	[vẽde'dora]
caja (f)	caixa (f)	['kaɪʃa]

espejo (m)	espelho (m)	[is'peʌu]
mostrador (m)	balcão (m)	[baw'kãw]
probador (m)	provador (m)	[prɔva'dor]
probar (un vestido)	provar (vt)	[pro'var]
quedar (una ropa, etc.)	servir (vi)	[ser'vir]
gustar (vi)	gostar (vt)	[gos'tar]
precio (m)	preço (m)	['presu]
etiqueta (f) de precio	etiqueta (f) de preço	[etʃi'keta de 'presu]
costar (vt)	custar (vt)	[kus'tar]
¿Cuánto?	Quanto?	['kwãtu]
descuento (m)	desconto (m)	[dʒis'kõtu]
no costoso (adj)	não caro	['nãw 'karu]
barato (adj)	barato	[ba'ratu]
caro (adj)	caro	['karu]
Es caro	É caro	[ɛ 'karu]
alquiler (m)	aluguel (m)	[alu'gɛw]
alquilar (vt)	alugar (vt)	[alu'gar]
crédito (m)	crédito (m)	['krɛdʒitu]
a crédito (adv)	a crédito	[a 'krɛdʒitu]

LA ROPA Y LOS ACCESORIOS

32. La ropa exterior. Los abrigos

ropa (f)	roupa (f)	['hopa]
ropa (f) de calle	roupa (f) exterior	['hopa iste'rjor]
ropa (f) de invierno	roupa (f) de inverno	['hopa de ĩ'vɛrnu]
abrigo (m)	sobretudo (m)	[sobri'tudu]
abrigo (m) de piel	casaco (m) de pele	[kaz'aku de 'pɛli]
abrigo (m) corto de piel	jaqueta (f) de pele	[ʒa'keta de 'pɛli]
chaqueta (f) plumón	casaco (m) acolchoado	[ka'zaku akow'ʃwadu]
cazadora (f)	casaco (m), jaqueta (f)	[kaz'aku], [ʒa'keta]
impermeable (m)	impermeável (m)	[ĩper'mjavew]
impermeable (adj)	a prova d'água	[a 'prɔva 'dagwa]

33. Ropa de hombre y mujer

camisa (f)	camisa (f)	[ka'miza]
pantalones (m pl)	calça (f)	['kawsa]
jeans, vaqueros (m pl)	jeans (m)	['dʒins]
chaqueta (f), saco (m)	paletó, terno (m)	[pale'tɔ], ['tɛrnu]
traje (m)	terno (m)	['tɛrnu]
vestido (m)	vestido (m)	[ves'tʃidu]
falda (f)	saia (f)	['saja]
blusa (f)	blusa (f)	['bluza]
rebeca (f),	casaco (m) de malha	[ka'zaku de 'maʎa]
chaqueta (f) de punto		
chaqueta (f)	casaco, blazer (m)	[ka'zaku], ['blejzer]
camiseta (f) (T-shirt)	camiseta (f)	[kami'zɛta]
pantalones (m pl) cortos	short (m)	['ʃortʃi]
traje (m) deportivo	training (m)	['trejnĩŋ]
bata (f) de baño	roupão (m) de banho	[ho'pãw de 'baɲu]
pijama (m)	pijama (m)	[pi'ʒama]
suéter (m)	suéter (m)	['swɛter]
pulóver (m)	pulôver (m)	[pu'lover]
chaleco (m)	colete (m)	[ko'letʃi]
frac (m)	fraque (m)	['fraki]
esmoquin (m)	smoking (m)	[iz'mokĩs]
uniforme (m)	uniforme (m)	[uni'fɔrmi]
ropa (f) de trabajo	roupa (f) de trabalho	['hopa de tra'baʎu]
mono (m)	macacão (m)	[maka'kãws]
bata (f) (p. ej. ~ blanca)	jaleco (m), bata (f)	[ʒa'lɛku], ['bata]

34. La ropa. La ropa interior

ropa (f) interior	roupa (f) íntima	['hopa 'itʃima]
bóxer (m)	cueca boxer (f)	['kwɛka 'bɔkser]
bragas (f pl)	calcinha (f)	[kaw'siɲa]
camiseta (f) interior	camiseta (f)	[kami'zɛta]
calcetines (m pl)	meias (f pl)	['mejas]
camisón (m)	camisola (f)	[kami'zɔla]
sostén (m)	sutiã (m)	[su'tʃiã]
calcetines (m pl) altos	meias longas (f pl)	['mejas 'lõgas]
pantimedias (f pl)	meias-calças (f pl)	['mejas 'kalsas]
medias (f pl)	meias (f pl)	['mejas]
traje (m) de baño	maiô (m)	[ma'jo]

35. Gorras

gorro (m)	chapéu (m), touca (f)	[ʃa'pɛw], ['toka]
sombrero (m) de fieltro	chapéu (m) de feltro	[ʃa'pɛw de 'fewtru]
gorra (f) de béisbol	boné (m) de beisebol	[bo'nɛ de bejsi'bɔw]
gorra (f) plana	boina (f)	['bojna]
boina (f)	boina (f) francesa	['bojna frã'seza]
capuchón (m)	capuz (m)	[ka'puz]
panamá (m)	chapéu panamá (m)	[ʃa'pɛw pana'ma]
gorro (m) de punto	touca (f)	['toka]
pañuelo (m)	lenço (m)	['lẽsu]
sombrero (m) de mujer	chapéu (m) feminino	[ʃa'pɛw femi'ninu]
casco (m) (~ protector)	capacete (m)	[kapa'setʃi]
gorro (m) de campaña	bibico (m)	[bi'biko]
casco (m) (~ de moto)	capacete (m)	[kapa'setʃi]
bombín (m)	chapéu-coco (m)	[ʃa'pɛw 'koku]
sombrero (m) de copa	cartola (f)	[kar'tɔla]

36. El calzado

calzado (m)	calçado (m)	[kaw'sadu]
botas (f pl)	botinas (f pl), sapatos (m pl)	[bo'tʃinas], [sapa'tõjs]
zapatos (m pl)	sapatos (m pl)	[sa'patus]
(~ de tacón bajo)		
botas (f pl) altas	botas (f pl)	['bɔtas]
zapatillas (f pl)	pantufas (f pl)	[pã'tufas]
tenis (m pl)	tênis (m pl)	['tenis]
zapatillas (f pl) de lona	tênis (m pl)	['tenis]
sandalias (f pl)	sandálias (f pl)	[sã'dalias]
zapatero (m)	sapateiro (m)	[sapa'tejru]
tacón (m)	salto (m)	['sawtu]

par (m)	par (m)	[par]
cordón (m)	cadarço (m)	[ka'darsu]
encordonar (vt)	amarrar os cadarços	[ama'har us ka'darsus]
calzador (m)	calçadeira (f)	[kawsa'dejra]
betún (m)	graxa (f) para calçado	['graʃa 'para kaw'sadu]

37. Accesorios personales

guantes (m pl)	luva (f)	['luva]
manoplas (f pl)	mitenes (f pl)	[mi'tɛnes]
bufanda (f)	cachecol (m)	[kaʃe'kɔw]

gafas (f pl)	óculos (m pl)	['ɔkulus]
montura (f)	armação (f)	[arma'sãw]
paraguas (m)	guarda-chuva (m)	['gwarda 'ʃuva]
bastón (m)	bengala (f)	[bẽ'gala]
cepillo (m) de pelo	escova (f) para o cabelo	[is'kova 'para u ka'belu]
abanico (m)	leque (m)	['lɛki]

corbata (f)	gravata (f)	[gra'vata]
pajarita (f)	gravata-borboleta (f)	[gra'vata borbo'leta]
tirantes (m pl)	suspensórios (m pl)	[suspẽ'sɔrjus]
moquero (m)	lenço (m)	['lẽsu]

peine (m)	pente (m)	['pẽtʃi]
pasador (m) de pelo	fivela (f) para cabelo	[fi'vɛla 'para ka'belu]
horquilla (f)	grampo (m)	['grãpu]
hebilla (f)	fivela (f)	[fi'vɛla]

cinturón (m)	cinto (m)	['sĩtu]
correa (f) (de bolso)	alça (f) de ombro	['awsa de 'õbru]

bolsa (f)	bolsa (f)	['bowsa]
bolso (m)	bolsa, carteira (f)	['bowsa], [kar'tejra]
mochila (f)	mochila (f)	[mo'ʃila]

38. La ropa. Miscelánea

moda (f)	moda (f)	['mɔda]
de moda (adj)	na moda	[na 'mɔda]
diseñador (m) de moda	estilista (m)	[istʃi'lista]

cuello (m)	colarinho (m)	[kola'riɲu]
bolsillo (m)	bolso (m)	['bowsu]
de bolsillo (adj)	de bolso	[de 'bowsu]
manga (f)	manga (f)	['mãga]
presilla (f)	ganchinho (m)	[gã'ʃiɲu]
bragueta (f)	bragueta (f)	[bra'gwetʃi]

cremallera (f)	zíper (m)	['ziper]
cierre (m)	colchete (m)	[kow'ʃetʃi]
botón (m)	botão (m)	[bo'tãw]

| ojal (m) | botoeira (f) | [bo'twejra] |
| saltar (un botón) | soltar-se (vr) | [sow'tarsi] |

coser (vi, vt)	costurar (vi)	[kostu'rar]
bordar (vt)	bordar (vt)	[bor'dar]
bordado (m)	bordado (m)	[bor'dadu]
aguja (f)	agulha (f)	[a'guʎa]
hilo (m)	fio, linha (f)	['fiu], ['liɲa]
costura (f)	costura (f)	[kos'tura]

ensuciarse (vr)	sujar-se (vr)	[su'ʒarsi]
mancha (f)	mancha (f)	['mãʃa]
arrugarse (vr)	amarrotar-se (vr)	[amaho'tarse]
rasgar (vt)	rasgar (vt)	[haz'gar]
polilla (f)	traça (f)	['trasa]

39. Productos personales. Cosméticos

pasta (f) de dientes	pasta (f) de dente	['pasta de 'dẽtʃi]
cepillo (m) de dientes	escova (f) de dente	[is'kova de 'dẽtʃi]
limpiarse los dientes	escovar os dentes	[isko'var us 'dẽtʃis]

maquinilla (f) de afeitar	gilete (f)	[ʒi'lɛtʃi]
crema (f) de afeitar	creme (m) de barbear	['krɛmi de bar'bjar]
afeitarse (vr)	barbear-se (vr)	[bar'bjarsi]

| jabón (m) | sabonete (m) | [sabo'netʃi] |
| champú (m) | xampu (m) | [ʃã'pu] |

tijeras (f pl)	tesoura (f)	[te'zora]
lima (f) de uñas	lixa (f) de unhas	['liʃa de 'uɲas]
cortaúñas (m pl)	corta-unhas (m)	['korta 'uɲas]
pinzas (f pl)	pinça (f)	['pĩsa]

cosméticos (m pl)	cosméticos (m pl)	[koz'mɛtʃikus]
mascarilla (f)	máscara (f)	['maskara]
manicura (f)	manicure (f)	[mani'kuri]
hacer la manicura	fazer as unhas	[fa'zer as 'uɲas]
pedicura (f)	pedicure (f)	[pedi'kure]

bolsa (f) de maquillaje	bolsa (f) de maquiagem	['bowsa de ma'kjaʒẽ]
polvos (m pl)	pó (m)	[pɔ]
polvera (f)	pó (m) compacto	[pɔ kõ'paktu]
colorete (m), rubor (m)	blush (m)	[blaʃ]

perfume (m)	perfume (m)	[per'fumi]
agua (f) de tocador	água-de-colônia (f)	['agwa de ko'lonja]
loción (f)	loção (f)	[lo'sãw]
agua (f) de Colonia	colônia (f)	[ko'lonja]

sombra (f) de ojos	sombra (f) de olhos	['sõbra de 'oʎus]
lápiz (m) de ojos	delineador (m)	[delinja'dor]
rímel (m)	máscara (f), rímel (m)	['maskara], ['himew]
pintalabios (m)	batom (m)	['batõ]

esmalte (m) de uñas	esmalte (m)	[iz'mawtʃi]
fijador (m) para el pelo	laquê (m), spray fixador (m)	[la'ke], [is'prej fiksa'dor]
desodorante (m)	desodorante (m)	[dʒizodo'rãtʃi]
crema (f)	creme (m)	['krɛmi]
crema (f) de belleza	creme (m) de rosto	['krɛmi de 'hostu]
crema (f) de manos	creme (m) de mãos	['krɛmi de 'mãws]
crema (f) antiarrugas	creme (m) antirrugas	['krɛmi ãtʃi'hugas]
crema (f) de día	creme (m) de dia	['krɛmi de 'dʒia]
crema (f) de noche	creme (m) de noite	['krɛmi de 'nojtʃi]
de día (adj)	de dia	[de 'dʒia]
de noche (adj)	da noite	[da 'nojtʃi]
tampón (m)	absorvente (m) interno	[absor'vētʃi ĩ'tɛrnu]
papel (m) higiénico	papel (m) higiênico	[pa'pɛw i'ʒjeniku]
secador (m) de pelo	secador (m) de cabelo	[seka'dor de ka'belu]

40. Los relojes

reloj (m)	relógio (m) de pulso	[he'lɔʒu de 'puwsu]
esfera (f)	mostrador (m)	[mostra'dor]
aguja (f)	ponteiro (m)	[põ'tejru]
pulsera (f)	bracelete (f) em aço	[brase'letʃi ẽ 'asu]
correa (f) (del reloj)	bracelete (f) em couro	[brase'letʃi ẽ 'koru]
pila (f)	pilha (f)	['piʎa]
descargarse (vr)	acabar (vi)	[aka'bar]
cambiar la pila	trocar a pilha	[tro'kar a 'piʎa]
adelantarse (vr)	estar adiantado	[is'tar adʒjã'tadu]
retrasarse (vr)	estar atrasado	[is'tar atra'zadu]
reloj (m) de pared	relógio (m) de parede	[he'lɔʒu de pa'redʒi]
reloj (m) de arena	ampulheta (f)	[ãpu'ʎeta]
reloj (m) de sol	relógio (m) de sol	[he'lɔʒu de sɔw]
despertador (m)	despertador (m)	[dʒisperta'dor]
relojero (m)	relojoeiro (m)	[helo'ʒwejru]
reparar (vt)	reparar (vt)	[hepa'rar]

LA EXPERIENCIA DIARIA

41. El dinero

dinero (m)	dinheiro (m)	[dʒi'ɲejru]
cambio (m)	câmbio (m)	['käbju]
curso (m)	taxa (f) de câmbio	['taʃa de 'käbju]
cajero (m) automático	caixa (m) eletrônico	['kaɪʃa ele'troniku]
moneda (f)	moeda (f)	['mwɛda]
dólar (m)	dólar (m)	['dɔlar]
euro (m)	euro (m)	['ewru]
lira (f)	lira (f)	['lira]
marco (m) alemán	marco (m)	['marku]
franco (m)	franco (m)	['fräku]
libra esterlina (f)	libra (f) esterlina	['libra ister'linu]
yen (m)	iene (m)	['jɛni]
deuda (f)	dívida (f)	['dʒivida]
deudor (m)	devedor (m)	[deve'dor]
prestar (vt)	emprestar (vt)	[ẽpres'tar]
tomar prestado	pedir emprestado	[pe'dʒir ẽpres'tadu]
banco (m)	banco (m)	['bäku]
cuenta (f)	conta (f)	['kõta]
ingresar (~ en la cuenta)	depositar (vt)	[depozi'tar]
ingresar en la cuenta	depositar na conta	[depozi'tar na 'kõta]
sacar de la cuenta	sacar (vt)	[sa'kar]
tarjeta (f) de crédito	cartão (m) de crédito	[kar'täw de 'krɛdʒitu]
dinero (m) en efectivo	dinheiro (m) vivo	[dʒi'ɲejru 'vivu]
cheque (m)	cheque (m)	['ʃɛki]
sacar un cheque	passar um cheque	[pa'sar ũ 'ʃɛki]
talonario (m)	talão (m) de cheques	[ta'läw de 'ʃɛkis]
cartera (f)	carteira (f)	[kar'tejra]
monedero (m)	niqueleira (f)	[nike'lejra]
caja (f) fuerte	cofre (m)	['kɔfri]
heredero (m)	herdeiro (m)	[er'dejru]
herencia (f)	herança (f)	[e'räsa]
fortuna (f)	fortuna (f)	[for'tuna]
arriendo (m)	arrendamento (m)	[ahẽda'mẽtu]
alquiler (m) (dinero)	aluguel (m)	[alu'gɛw]
alquilar (~ una casa)	alugar (vt)	[alu'gar]
precio (m)	preço (m)	['presu]
coste (m)	custo (m)	['kustu]

suma (f)	soma (f)	['sɔma]
gastar (vt)	gastar (vt)	[gas'tar]
gastos (m pl)	gastos (m pl)	['gastus]
economizar (vi, vt)	economizar (vi)	[ekonomi'zar]
económico (adj)	econômico	[eko'nomiku]
pagar (vi, vt)	pagar (vt)	[pa'gar]
pago (m)	pagamento (m)	[paga'mētu]
cambio (m) (devolver el ~)	troco (m)	['troku]
impuesto (m)	imposto (m)	[ĩ'postu]
multa (f)	multa (f)	['muwta]
multar (vt)	multar (vt)	[muw'tar]

42. La oficina de correos

oficina (f) de correos	agência (f) dos correios	[a'ʒẽsja dus ko'hejus]
correo (m) (cartas, etc.)	correio (m)	[ko'heju]
cartero (m)	carteiro (m)	[kar'tejru]
horario (m) de apertura	horário (m)	[o'rarju]
carta (f)	carta (f)	['karta]
carta (f) certificada	carta (f) registada	['karta heʒis'tada]
tarjeta (f) postal	cartão (m) postal	[kar'tãw pos'taw]
telegrama (m)	telegrama (m)	[tele'grama]
paquete (m) postal	encomenda (f)	[ẽko'mẽda]
giro (m) postal	transferência (f) de dinheiro	[trãsfe'rẽsja de dʒi'ɲejru]
recibir (vt)	receber (vt)	[hese'ber]
enviar (vt)	enviar (vt)	[ẽ'vjar]
envío (m)	envio (m)	[ẽ'viu]
dirección (f)	endereço (m)	[ẽde'resu]
código (m) postal	código (m) postal	['kɔdʒigu pos'taw]
expedidor (m)	remetente (m)	[heme'tẽtʃi]
destinatario (m)	destinatário (m)	[destʃina'tarju]
nombre (m)	nome (m)	['nɔmi]
apellido (m)	sobrenome (m)	[sobri'nɔmi]
tarifa (f)	tarifa (f)	[ta'rifa]
ordinario (adj)	ordinário	[ordʒi'narju]
económico (adj)	econômico	[eko'nomiku]
peso (m)	peso (m)	['pezu]
pesar (~ una carta)	pesar (vt)	[pe'zar]
sobre (m)	envelope (m)	[ẽve'lɔpi]
sello (m)	selo (m) postal	['selu pos'taw]
poner un sello	colar o selo	[ko'lar u 'selu]

43. La banca

banco (m)	banco (m)	['bãku]
sucursal (f)	balcão (f)	[baw'kãw]

consultor (m)	consultor (m) bancário	[kõsuw'tor bã'karju]
gerente (m)	gerente (m)	[ʒe'rẽtʃi]
cuenta (f)	conta (f)	['kõta]
numero (m) de la cuenta	número (m) da conta	['numeru da 'kõta]
cuenta (f) corriente	conta (f) corrente	['kõta ko'hẽtʃi]
cuenta (f) de ahorros	conta (f) poupança	['kõta po'pãsa]
abrir una cuenta	abrir uma conta	[a'brir 'uma 'kõta]
cerrar la cuenta	fechar uma conta	[fe'ʃar 'uma 'kõta]
ingresar en la cuenta	depositar na conta	[depozi'tar na 'kõta]
sacar de la cuenta	sacar (vt)	[sa'kar]
depósito (m)	depósito (m)	[de'pɔzitu]
hacer un depósito	fazer um depósito	[fa'zer ũ de'pɔzitu]
giro (m) bancario	transferência (f) bancária	[trãsfe'rẽsja bã'karja]
hacer un giro	transferir (vt)	[trãsfe'rir]
suma (f)	soma (f)	['sɔma]
¿Cuánto?	Quanto?	['kwãtu]
firma (f) (nombre)	assinatura (f)	[asina'tura]
firmar (vt)	assinar (vt)	[asi'nar]
tarjeta (f) de crédito	cartão (m) de crédito	[kar'tãw de 'krɛdʒitu]
código (m)	senha (f)	['sɛɲa]
número (m) de tarjeta de crédito	número (m) do cartão de crédito	['numeru du kar'tãw de 'krɛdʒitu]
cajero (m) automático	caixa (m) eletrônico	['kaɪʃa ele'troniku]
cheque (m)	cheque (m)	['ʃɛki]
sacar un cheque	passar um cheque	[pa'sar ũ 'ʃɛki]
talonario (m)	talão (m) de cheques	[ta'lãw de 'ʃɛkis]
crédito (m)	empréstimo (m)	[ẽ'prɛstʃimu]
pedir el crédito	pedir um empréstimo	[pe'dʒir ũ ẽ'prɛstʃimu]
obtener un crédito	obter empréstimo	[ob'ter ẽ'prɛstʃimu]
conceder un crédito	dar um empréstimo	[dar ũ ẽ'prɛstʃimu]
garantía (f)	garantia (f)	[garã'tʃia]

44. El teléfono. Las conversaciones telefónicas

teléfono (m)	telefone (m)	[tele'fɔni]
teléfono (m) móvil	celular (m)	[selu'lar]
contestador (m)	secretária (f) eletrônica	[sekre'tarja ele'tronika]
llamar, telefonear	fazer uma chamada	[fa'zer 'uma ʃa'mada]
llamada (f)	chamada (f)	[ʃa'mada]
marcar un número	discar um número	[dʒis'kar ũ 'numeru]
¿Sí?, ¿Dígame?	Alô!	[a'lo]
preguntar (vt)	perguntar (vt)	[pergũ'tar]
responder (vi, vt)	responder (vt)	[hespõ'der]
oír (vt)	ouvir (vt)	[o'vir]

bien (adv)	bem	[bẽj]
mal (adv)	mal	[maw]
ruidos (m pl)	ruído (m)	['hwidu]
auricular (m)	fone (m)	['fɔni]
descolgar (el teléfono)	pegar o telefone	[pe'gar u tele'fɔni]
colgar el auricular	desligar (vi)	[dʒizli'gar]
ocupado (adj)	ocupado	[oku'padu]
sonar (teléfono)	tocar (vi)	[to'kar]
guía (f) de teléfonos	lista (f) telefônica	['lista tele'fonika]
local (adj)	local	[lo'kaw]
llamada (f) local	chamada (f) local	[ʃa'mada lo'kaw]
de larga distancia	de longa distância	['de 'lõgu dʒis'tãsja]
llamada (f) de larga distancia	chamada (f) de longa distância	[ʃa'mada de 'lõgu dʒis'tãsja]
internacional (adj)	internacional	[ĩternasjo'naw]
llamada (f) internacional	chamada (f) internacional	[ʃa'mada ĩternasjo'naw]

45. El teléfono celular

teléfono (m) móvil	celular (m)	[selu'lar]
pantalla (f)	tela (f)	['tɛla]
botón (m)	botão (m)	[bo'tãw]
tarjeta SIM (f)	cartão SIM (m)	[kar'tãw sim]
pila (f)	bateria (f)	[bate'ria]
descargarse (vr)	descarregar-se (vr)	[dʒiskahe'garsi]
cargador (m)	carregador (m)	[kahega'dor]
menú (m)	menu (m)	[me'nu]
preferencias (f pl)	configurações (f pl)	[kõfigura'sõjs]
melodía (f)	melodia (f)	[melo'dʒia]
seleccionar (vt)	escolher (vt)	[isko'ʎer]
calculadora (f)	calculadora (f)	[kawkula'dora]
contestador (m)	correio (m) de voz	[ko'heju de vɔz]
despertador (m)	despertador (m)	[dʒisperta'dor]
contactos (m pl)	contatos (m pl)	[kõ'tatus]
mensaje (m) de texto	mensagem (f) de texto	[mẽ'saʒẽ de 'testu]
abonado (m)	assinante (m)	[asi'nãtʃi]

46. Los artículos de escritorio. La papelería

bolígrafo (m)	caneta (f)	[ka'neta]
pluma (f) estilográfica	caneta (f) tinteiro	[ka'neta tʃĩ'tejru]
lápiz (m)	lápis (m)	['lapis]
marcador (m)	marcador (m) de texto	[marka'dor de 'testu]
rotulador (m)	caneta (f) hidrográfica	[ka'neta idro'grafika]

bloc (m) de notas	bloco (m) de notas	['bloku de 'notas]
agenda (f)	agenda (f)	[a'ʒẽda]
regla (f)	régua (f)	['hɛgwa]
calculadora (f)	calculadora (f)	[kawkula'dora]
goma (f) de borrar	borracha (f)	[bo'haʃa]
chincheta (f)	alfinete (m)	[awfi'netʃi]
clip (m)	clipe (m)	['klipi]
cola (f), pegamento (m)	cola (f)	['kɔla]
grapadora (f)	grampeador (m)	[grãpja'dor]
perforador (m)	furador (m) de papel	[fura'dor de pa'pɛw]
sacapuntas (m)	apontador (m)	[apõta'dor]

47. Los idiomas extranjeros

lengua (f)	língua (f)	['lĩgwa]
extranjero (adj)	estrangeiro	[istrã'ʒejru]
lengua (f) extranjera	língua (f) estrangeira	['lĩgwa istrã'ʒejra]
estudiar (vt)	estudar (vt)	[istu'dar]
aprender (ingles, etc.)	aprender (vt)	[aprẽ'der]
leer (vi, vt)	ler (vt)	[ler]
hablar (vi, vt)	falar (vi)	[fa'lar]
comprender (vt)	entender (vt)	[ẽtẽ'der]
escribir (vt)	escrever (vt)	[iskre'ver]
rápidamente (adv)	rapidamente	[hapida'mẽtʃi]
lentamente (adv)	lentamente	[lẽta'mẽtʃi]
con fluidez (adv)	fluentemente	[fluẽte'mẽtʃi]
reglas (f pl)	regras (f pl)	['hɛgras]
gramática (f)	gramática (f)	[gra'matʃika]
vocabulario (m)	vocabulário (m)	[vokabu'larju]
fonética (f)	fonética (f)	[fo'nɛtʃika]
manual (m)	livro (m) didático	['livru dʒi'datʃiku]
diccionario (m)	dicionário (m)	[dʒisjo'narju]
manual (m) autodidáctico	manual (m) autodidático	[ma'nwaw awtodʒi'datʃiku]
guía (f) de conversación	guia (m) de conversação	['gia de kõversa'sãw]
casete (m)	fita (f) cassete	['fita ka'sɛtʃi]
videocasete (f)	videoteipe (m)	[vidʒju'tejpi]
disco compacto, CD (m)	CD, disco (m) compacto	['sede], ['dʒisku kõ'paktu]
DVD (m)	DVD (m)	[deve'de]
alfabeto (m)	alfabeto (m)	[awfa'bɛtu]
deletrear (vt)	soletrar (vt)	[sole'trar]
pronunciación (f)	pronúncia (f)	[pro'nũsja]
acento (m)	sotaque (m)	[so'taki]
con acento	com sotaque	[kõ so'taki]
sin acento	sem sotaque	[sẽ so'taki]
palabra (f)	palavra (f)	[pa'lavra]

significado (m)	sentido (m)	[sẽ'tʃidu]
cursos (m pl)	curso (m)	['kursu]
inscribirse (vr)	inscrever-se (vr)	[ĩskre'verse]
profesor (m) (~ de inglés)	professor (m)	[profe'sor]

traducción (f) (proceso)	tradução (f)	[tradu'sãw]
traducción (f) (texto)	tradução (f)	[tradu'sãw]
traductor (m)	tradutor (m)	[tradu'tor]
intérprete (m)	intérprete (m)	[ĩ'tɛrpretʃi]

| políglota (m) | poliglota (m) | [pɔli'glɔta] |
| memoria (f) | memória (f) | [me'mɔrja] |

LAS COMIDAS. EL RESTAURANTE

48. Los cubiertos

cuchara (f)	colher (f)	[ko'ʎer]
cuchillo (m)	faca (f)	['faka]
tenedor (m)	garfo (m)	['garfu]
taza (f)	xícara (f)	['ʃikara]
plato (m)	prato (m)	['pratu]
platillo (m)	pires (m)	['piris]
servilleta (f)	guardanapo (m)	[gwarda'napu]
mondadientes (m)	palito (m)	[pa'litu]

49. El restaurante

restaurante (m)	restaurante (m)	[hestaw'rãtʃi]
cafetería (f)	cafeteria (f)	[kafete'ria]
bar (m)	bar (m), cervejaria (f)	[bar], [serveʒa'ria]
salón (m) de té	salão (m) de chá	[sa'lãw de ʃa]
camarero (m)	garçom (m)	[gar'sõ]
camarera (f)	garçonete (f)	[garso'netʃi]
barman (m)	barman (m)	[bar'mã]
carta (f), menú (m)	cardápio (m)	[kar'dapju]
carta (f) de vinos	lista (f) de vinhos	['lista de 'viɲus]
reservar una mesa	reservar uma mesa	[hezer'var 'uma 'meza]
plato (m)	prato (m)	['pratu]
pedir (vt)	pedir (vt)	[pe'dʒir]
hacer un pedido	fazer o pedido	[fa'zer u pe'dʒidu]
aperitivo (m)	aperitivo (m)	[aperi'tʃivu]
entremés (m)	entrada (f)	[ẽ'trada]
postre (m)	sobremesa (f)	[sobri'meza]
cuenta (f)	conta (f)	['kõta]
pagar la cuenta	pagar a conta	[pa'gar a 'kõta]
dar la vuelta	dar o troco	[dar u 'troku]
propina (f)	gorjeta (f)	[gor'ʒeta]

50. Las comidas

comida (f)	comida (f)	[ko'mida]
comer (vi, vt)	comer (vt)	[ko'mer]

desayuno (m)	café (m) da manhã	[ka'fɛ da ma'ɲã]
desayunar (vi)	tomar café da manhã	[to'mar ka'fɛ da ma'ɲã]
almuerzo (m)	almoço (m)	[aw'mosu]
almorzar (vi)	almoçar (vi)	[awmo'sar]
cena (f)	jantar (m)	[ʒã'tar]
cenar (vi)	jantar (vi)	[ʒã'tar]

apetito (m)	apetite (m)	[ape'tʃitʃi]
¡Que aproveche!	Bom apetite!	[bõ ape'tʃitʃi]

abrir (vt)	abrir (vt)	[a'brir]
derramar (líquido)	derramar (vt)	[deha'mar]
derramarse (líquido)	derramar-se (vr)	[deha'marsi]

hervir (vi)	ferver (vi)	[fer'ver]
hervir (vt)	ferver (vt)	[fer'ver]
hervido (agua ~a)	fervido	[fer'vidu]
enfriar (vt)	esfriar (vt)	[is'frjar]
enfriarse (vr)	esfriar-se (vr)	[is'frjarse]

sabor (m)	sabor, gosto (m)	[sa'bor], ['gostu]
regusto (m)	fim (m) de boca	[fĩ de 'boka]

adelgazar (vi)	emagrecer (vi)	[imagre'ser]
dieta (f)	dieta (f)	['dʒjɛta]
vitamina (f)	vitamina (f)	[vita'mina]
caloría (f)	caloria (f)	[kalo'ria]
vegetariano (m)	vegetariano (m)	[veʒeta'rjanu]
vegetariano (adj)	vegetariano	[veʒeta'rjanu]

grasas (f pl)	gorduras (f pl)	[gor'duras]
proteínas (f pl)	proteínas (f pl)	[prote'inas]
carbohidratos (m pl)	carboidratos (m pl)	[karboi'dratus]
loncha (f)	fatia (f)	[fa'tʃia]
pedazo (m)	pedaço (m)	[pe'dasu]
miga (f)	migalha (f), farelo (m)	[mi'gaʎa], [fa'rɛlu]

51. Los platos

plato (m)	prato (m)	['pratu]
cocina (f)	cozinha (f)	[ko'ziɲa]
receta (f)	receita (f)	[he'sejta]
porción (f)	porção (f)	[por'sãw]

ensalada (f)	salada (f)	[sa'lada]
sopa (f)	sopa (f)	['sopa]

caldo (m)	caldo (m)	['kawdu]
bocadillo (m)	sanduíche (m)	[sand'wiʃi]
huevos (m pl) fritos	ovos (m pl) fritos	['ɔvus 'fritus]

hamburguesa (f)	hambúrguer (m)	[ã'burger]
bistec (m)	bife (m)	['bifi]
guarnición (f)	acompanhamento (m)	[akõpaɲa'mẽtu]

espagueti (m)	**espaguete** (m)	[ispa'geti]
puré (m) de patatas	**purê** (m) **de batata**	[pu're de ba'tata]
pizza (f)	**pizza** (f)	['pitsa]
gachas (f pl)	**mingau** (m)	[mĩ'gaw]
tortilla (f) francesa	**omelete** (f)	[ome'letʃi]
cocido en agua (adj)	**fervido**	[fer'vidu]
ahumado (adj)	**defumado**	[defu'madu]
frito (adj)	**frito**	['fritu]
seco (adj)	**seco**	['seku]
congelado (adj)	**congelado**	[kõʒe'ladu]
marinado (adj)	**em conserva**	[ẽ kõ'serva]
azucarado, dulce (adj)	**doce**	['dosi]
salado (adj)	**salgado**	[saw'gadu]
frío (adj)	**frio**	['friu]
caliente (adj)	**quente**	['kẽtʃi]
amargo (adj)	**amargo**	[a'margu]
sabroso (adj)	**gostoso**	[gos'tozu]
cocer en agua	**cozinhar em água fervente**	[kozi'ɲar ẽ 'agwa fer'vẽtʃi]
preparar (la cena)	**preparar** (vt)	[prepa'rar]
freír (vt)	**fritar** (vt)	[fri'tar]
calentar (vt)	**aquecer** (vt)	[ake'ser]
salar (vt)	**salgar** (vt)	[saw'gar]
poner pimienta	**apimentar** (vt)	[apimẽ'tar]
rallar (vt)	**ralar** (vt)	[ha'lar]
piel (f)	**casca** (f)	['kaska]
pelar (vt)	**descascar** (vt)	[dʒiskas'kar]

52. La comida

carne (f)	**carne** (f)	['karni]
gallina (f)	**galinha** (f)	[ga'liɲa]
pollo (m)	**frango** (m)	['frãgu]
pato (m)	**pato** (m)	['patu]
ganso (m)	**ganso** (m)	['gãsu]
caza (f) menor	**caça** (f)	['kasa]
pava (f)	**peru** (m)	[pe'ru]
carne (f) de cerdo	**carne** (f) **de porco**	['karni de 'porku]
carne (f) de ternera	**carne** (f) **de vitela**	['karni de vi'tɛla]
carne (f) de carnero	**carne** (f) **de carneiro**	['karni de kar'nejru]
carne (f) de vaca	**carne** (f) **de vaca**	['karni de 'vaka]
conejo (m)	**carne** (f) **de coelho**	['karni de ko'eʎu]
salchichón (m)	**linguiça** (f), **salsichão** (m)	[lĩ'gwisa], [sawsi'ʃãw]
salchicha (f)	**salsicha** (f)	[saw'siʃa]
beicon (m)	**bacon** (m)	['bejkõ]
jamón (m)	**presunto** (m)	[pre'zũtu]
jamón (m) fresco	**pernil** (m) **de porco**	[per'niw de 'porku]
paté (m)	**patê** (m)	[pa'te]
hígado (m)	**fígado** (m)	['figadu]

carne (f) picada	guisado (m)	[gi'zadu]
lengua (f)	língua (f)	['lĩgwa]

huevo (m)	ovo (m)	['ovu]
huevos (m pl)	ovos (m pl)	['ɔvus]
clara (f)	clara (f) de ovo	['klara de 'ovu]
yema (f)	gema (f) de ovo	['ʒɛma de 'ovu]

pescado (m)	peixe (m)	['pejʃi]
mariscos (m pl)	mariscos (m pl)	[ma'riskus]
crustáceos (m pl)	crustáceos (m pl)	[krus'tasjus]
caviar (m)	caviar (m)	[ka'vjar]

cangrejo (m) de mar	caranguejo (m)	[karã'geʒu]
camarón (m)	camarão (m)	[kama'rãw]
ostra (f)	ostra (f)	['ostra]
langosta (f)	lagosta (f)	[la'gosta]
pulpo (m)	polvo (m)	['powvu]
calamar (m)	lula (f)	['lula]

esturión (m)	esturjão (m)	[istur'ʒãw]
salmón (m)	salmão (m)	[saw'mãw]
fletán (m)	halibute (m)	[ali'butʃi]

bacalao (m)	bacalhau (m)	[baka'ʎaw]
caballa (f)	cavala, sarda (f)	[ka'vala], ['sarda]
atún (m)	atum (m)	[a'tũ]
anguila (f)	enguia (f)	[ẽ'gia]

trucha (f)	truta (f)	['truta]
sardina (f)	sardinha (f)	[sar'dʒiɲa]
lucio (m)	lúcio (m)	['lusju]
arenque (m)	arenque (m)	[a'rẽki]

pan (m)	pão (m)	[pãw]
queso (m)	queijo (m)	['kejʒu]
azúcar (m)	açúcar (m)	[a'sukar]
sal (f)	sal (m)	[saw]

arroz (m)	arroz (m)	[a'hoz]
macarrones (m pl)	massas (f pl)	['masas]
tallarines (m pl)	talharim, miojo (m)	[taʎa'rĩ], [mi'oʒu]

mantequilla (f)	manteiga (f)	[mã'tejga]
aceite (m) vegetal	óleo (m) vegetal	['ɔlju veʒe'taw]
aceite (m) de girasol	óleo (m) de girassol	['ɔlju de ʒira'sɔw]
margarina (f)	margarina (f)	[marga'rina]

olivas, aceitunas (f pl)	azeitonas (f pl)	[azej'tonas]
aceite (m) de oliva	azeite (m)	[a'zejtʃi]

leche (f)	leite (m)	['lejtʃi]
leche (f) condensada	leite (m) condensado	['lejtʃi kõdẽ'sadu]
yogur (m)	iogurte (m)	[jo'gurtʃi]
nata (f) agria	creme azedo (m)	['krɛmi a'zedu]
nata (f) líquida	creme (m) de leite	['krɛmi de 'lejtʃi]

| mayonesa (f) | maionese (f) | [majo'nɛzi] |
| crema (f) de mantequilla | creme (m) | ['krɛmi] |

cereales (m pl) integrales	grãos (m pl) de cereais	['grãws de se'rjajs]
harina (f)	farinha (f)	[fa'riɲa]
conservas (f pl)	enlatados (m pl)	[ẽla'tadus]

copos (m pl) de maíz	flocos (m pl) de milho	['flɔkus de 'miʎu]
miel (f)	mel (m)	[mɛw]
confitura (f)	geleia (m)	[ʒe'lɛja]
chicle (m)	chiclete (m)	[ʃi'klɛtʃi]

53. Las bebidas

agua (f)	água (f)	['agwa]
agua (f) potable	água (f) potável	['agwa pu'tavɛw]
agua (f) mineral	água (f) mineral	['agwa mine'raw]

sin gas	sem gás	[sẽ gajs]
gaseoso (adj)	gaseificada	[gazejfi'kadu]
con gas	com gás	[kõ gajs]
hielo (m)	gelo (m)	['ʒelu]
con hielo	com gelo	[kõ 'ʒelu]

sin alcohol	não alcoólico	[nãw aw'kɔliku]
bebida (f) sin alcohol	refrigerante (m)	[hefriʒe'rãtʃi]
refresco (m)	refresco (m)	[he'fresku]
limonada (f)	limonada (f)	[limo'nada]

bebidas (f pl) alcohólicas	bebidas (f pl) alcoólicas	[be'bidas aw'kɔlikas]
vino (m)	vinho (m)	['viɲu]
vino (m) blanco	vinho (m) branco	['viɲu 'brãku]
vino (m) tinto	vinho (m) tinto	['viɲu 'tʃĩtu]

licor (m)	licor (m)	[li'kor]
champaña (f)	champanhe (m)	[ʃã'paɲi]
vermú (m)	vermute (m)	[ver'mutʃi]

whisky (m)	uísque (m)	['wiski]
vodka (m)	vodca (f)	['vɔdʒka]
ginebra (f)	gim (m)	[ʒĩ]
coñac (m)	conhaque (m)	[ko'ɲaki]
ron (m)	rum (m)	[hũ]

café (m)	café (m)	[ka'fɛ]
café (m) solo	café (m) preto	[ka'fɛ 'pretu]
café (m) con leche	café (m) com leite	[ka'fɛ kõ 'lejtʃi]
capuchino (m)	cappuccino (m)	[kapu'tʃinu]
café (m) soluble	café (m) solúvel	[ka'fɛ so'luvew]

leche (f)	leite (m)	['lejtʃi]
cóctel (m)	coquetel (m)	[koke'tɛw]
batido (m)	batida (f), milkshake (m)	[ba'tʃida], ['milkʃejk]
zumo (m), jugo (m)	suco (m)	['suku]

jugo (m) de tomate	suco (m) de tomate	['suku de to'matʃi]
zumo (m) de naranja	suco (m) de laranja	['suku de la'rãʒa]
zumo (m) fresco	suco (m) fresco	['suku 'fresku]

cerveza (f)	cerveja (f)	[ser'veʒa]
cerveza (f) rubia	cerveja (f) clara	[ser'veʒa 'klara]
cerveza (f) negra	cerveja (f) preta	[ser'veʒa 'preta]

té (m)	chá (m)	[ʃa]
té (m) negro	chá (m) preto	[ʃa 'pretu]
té (m) verde	chá (m) verde	[ʃa 'verdʒi]

54. Las verduras

| legumbres (f pl) | vegetais (m pl) | [veʒe'tajs] |
| verduras (f pl) | verdura (f) | [ver'dura] |

tomate (m)	tomate (m)	[to'matʃi]
pepino (m)	pepino (m)	[pe'pinu]
zanahoria (f)	cenoura (f)	[se'nora]
patata (f)	batata (f)	[ba'tata]
cebolla (f)	cebola (f)	[se'bola]
ajo (m)	alho (m)	['aʎu]

| col (f) | couve (f) | ['kovi] |
| coliflor (f) | couve-flor (f) | ['kovi 'flɔr] |

| col (f) de Bruselas | couve-de-bruxelas (f) | ['kovi de bru'ʃelas] |
| brócoli (m) | brócolis (m pl) | ['brɔkolis] |

remolacha (f)	beterraba (f)	[bete'haba]
berenjena (f)	berinjela (f)	[beri'ʒɛla]
calabacín (m)	abobrinha (f)	[abo'briɲa]

| calabaza (f) | abóbora (f) | [a'bɔbora] |
| nabo (m) | nabo (m) | ['nabu] |

perejil (m)	salsa (f)	['sawsa]
eneldo (m)	endro, aneto (m)	['ẽdru], [a'netu]
lechuga (f)	alface (f)	[aw'fasi]
apio (m)	aipo (m)	['ajpu]

| espárrago (m) | aspargo (m) | [as'pargu] |
| espinaca (f) | espinafre (m) | [ispi'nafri] |

| guisante (m) | ervilha (f) | [er'viʎa] |
| habas (f pl) | feijão (m) | [fej'ʒãw] |

| maíz (m) | milho (m) | ['miʎu] |
| fréjol (m) | feijão (m) roxo | [fej'ʒãw 'hoʃu] |

pimiento (m) dulce	pimentão (m)	[pimẽ'tãw]
rábano (m)	rabanete (m)	[haba'netʃi]
alcachofa (f)	alcachofra (f)	[awka'ʃofra]

55. Las frutas. Las nueces

fruto (m)	fruta (f)	['fruta]
manzana (f)	maçã (f)	[ma'sã]
pera (f)	pera (f)	['pera]
limón (m)	limão (m)	[li'mãw]
naranja (f)	laranja (f)	[la'rãʒa]
fresa (f)	morango (m)	[mo'rãgu]
mandarina (f)	tangerina (f)	[tãʒe'rina]
ciruela (f)	ameixa (f)	[a'mejʃa]
melocotón (m)	pêssego (m)	['pesegu]
albaricoque (m)	damasco (m)	[da'masku]
frambuesa (f)	framboesa (f)	[frãbo'eza]
piña (f)	abacaxi (m)	[abaka'ʃi]
banana (f)	banana (f)	[ba'nana]
sandía (f)	melancia (f)	[melã'sia]
uva (f)	uva (f)	['uva]
guinda (f)	ginja (f)	['ʒĩʒa]
cereza (f)	cereja (f)	[se'reʒa]
melón (m)	melão (m)	[me'lãw]
pomelo (m)	toranja (f)	[to'rãʒa]
aguacate (m)	abacate (m)	[aba'katʃi]
papaya (f)	mamão (m)	[ma'mãw]
mango (m)	manga (f)	['mãga]
granada (f)	romã (f)	['homa]
grosella (f) roja	groselha (f) vermelha	[[gro'zeʎa ver'meʎa]
grosella (f) negra	groselha (f) negra	[gro'zeʎa 'negra]
grosella (f) espinosa	groselha (f) espinhosa	[gro'zeʎa ispi'ɲoza]
arándano (m)	mirtilo (m)	[mih'tʃilu]
zarzamoras (f pl)	amora (f) silvestre	[a'mora siw'vɛstri]
pasas (f pl)	passa (f)	['pasa]
higo (m)	figo (m)	['figu]
dátil (m)	tâmara (f)	['tamara]
cacahuete (m)	amendoim (m)	[amẽdo'ĩ]
almendra (f)	amêndoa (f)	[a'mẽdwa]
nuez (f)	noz (f)	[nɔz]
avellana (f)	avelã (f)	[ave'lã]
nuez (f) de coco	coco (m)	['koku]
pistachos (m pl)	pistaches (m pl)	[pis'taʃis]

56. El pan. Los dulces

pasteles (m pl)	pastelaria (f)	[pastela'ria]
pan (m)	pão (m)	[pãw]
galletas (f pl)	biscoito (m), bolacha (f)	[bis'kojtu], [bo'laʃa]
chocolate (m)	chocolate (m)	[ʃoko'latʃi]
de chocolate (adj)	de chocolate	[de ʃoko'latʃi]

caramelo (m)	bala (f)	['bala]
tarta (f) (pequeña)	doce (m), bolo (m) pequeno	['dosi], ['bolu pe'kenu]
tarta (f) (~ de cumpleaños)	bolo (m) de aniversário	['bolu de aniver'sarju]
tarta (f) (~ de manzana)	torta (f)	['tɔrta]
relleno (m)	recheio (m)	[he'ʃeju]
confitura (f)	geleia (m)	[ʒe'lɛja]
mermelada (f)	marmelada (f)	[marme'lada]
gofre (m)	wafers (m pl)	['wafers]
helado (m)	sorvete (m)	[sor'vetʃi]
pudin (m)	pudim (m)	[pu'dʒĩ]

57. Las especias

sal (f)	sal (m)	[saw]
salado (adj)	salgado	[saw'gadu]
salar (vt)	salgar (vt)	[saw'gar]
pimienta (f) negra	pimenta-do-reino (f)	[pi'mẽta-du-hejnu]
pimienta (f) roja	pimenta (f) vermelha	[pi'mẽta ver'meʎa]
mostaza (f)	mostarda (f)	[mos'tarda]
rábano (m) picante	raiz-forte (f)	[ha'iz fortʃi]
condimento (m)	condimento (m)	[kõdʒi'mẽtu]
especia (f)	especiaria (f)	[ispesja'ria]
salsa (f)	molho (m)	['moʎu]
vinagre (m)	vinagre (m)	[vi'nagri]
anís (m)	anis (m)	[a'nis]
albahaca (f)	manjericão (m)	[mãʒeri'kãw]
clavo (m)	cravo (m)	['kravu]
jengibre (m)	gengibre (m)	[ʒẽ'ʒibri]
cilantro (m)	coentro (m)	[ko'ẽtru]
canela (f)	canela (f)	[ka'nɛla]
sésamo (m)	gergelim (m)	[ʒerʒe'lĩ]
hoja (f) de laurel	folha (f) de louro	['foʎaʃ de 'loru]
paprika (f)	páprica (f)	['paprika]
comino (m)	cominho (m)	[ko'miɲu]
azafrán (m)	açafrão (m)	[asa'frãw]

LA INFORMACIÓN PERSONAL. LA FAMILIA

58. La información personal. Los formularios

nombre (m)	nome (m)	['nɔmi]
apellido (m)	sobrenome (m)	[sobri'nɔmi]
fecha (f) de nacimiento	data (f) de nascimento	['data de nasi'mẽtu]
lugar (m) de nacimiento	local (m) de nascimento	[lo'kaw de nasi'mẽtu]
nacionalidad (f)	nacionalidade (f)	[nasjonali'dadʒi]
domicilio (m)	lugar (m) de residência	[lu'gar de hezi'dẽsja]
país (m)	país (m)	[pa'jis]
profesión (f)	profissão (f)	[profi'sãw]
sexo (m)	sexo (m)	['sɛksu]
estatura (f)	estatura (f)	[ista'tura]
peso (m)	peso (m)	['pezu]

59. Los familiares. Los parientes

madre (f)	mãe (f)	[mãj]
padre (m)	pai (m)	[paj]
hijo (m)	filho (m)	['fiʎu]
hija (f)	filha (f)	['fiʎa]
hija (f) menor	caçula (f)	[ka'sula]
hijo (m) menor	caçula (m)	[ka'sula]
hija (f) mayor	filha (f) mais velha	['fiʎa majs 'vɛʎa]
hijo (m) mayor	filho (m) mais velho	['fiʎu majs 'vɛʎu]
hermano (m)	irmão (m)	[ir'mãw]
hermano (m) mayor	irmão (m) mais velho	[ir'mãw majs 'vɛʎu]
hermano (m) menor	irmão (m) mais novo	[ir'mãw majs 'novu]
hermana (f)	irmã (f)	[ir'mã]
hermana (f) mayor	irmã (f) mais velha	[ir'mã majs 'vɛʎa]
hermana (f) menor	irmã (f) mais nova	[ir'mã majs 'nɔva]
primo (m)	primo (m)	['primu]
prima (f)	prima (f)	['prima]
mamá (f)	mamãe (f)	[ma'mãj]
papá (m)	papai (m)	[pa'paj]
padres (pl)	pais (pl)	['pajs]
niño -a (m, f)	criança (f)	['krjãsa]
niños (pl)	crianças (f pl)	['krjãsas]
abuela (f)	avó (f)	[a'vo]
abuelo (m)	avô (m)	[a'vɔ]
nieto (m)	neto (m)	['nɛtu]

nieta (f)	neta (f)	['nɛta]
nietos (pl)	netos (pl)	['nɛtus]
tío (m)	tio (m)	['tʃiu]
tía (f)	tia (f)	['tʃia]
sobrino (m)	sobrinho (m)	[so'briɲu]
sobrina (f)	sobrinha (f)	[so'briɲa]
suegra (f)	sogra (f)	['sɔgra]
suegro (m)	sogro (m)	['sogru]
yerno (m)	genro (m)	['ʒẽhu]
madrastra (f)	madrasta (f)	[ma'drasta]
padrastro (m)	padrasto (m)	[pa'drastu]
niño (m) de pecho	criança (f) de colo	['krjãsa de 'kɔlu]
bebé (m)	bebê (m)	[be'be]
chico (m)	menino (m)	[me'ninu]
mujer (f)	mulher (f)	[mu'ʎer]
marido (m)	marido (m)	[ma'ridu]
esposo (m)	esposo (m)	[is'pozu]
esposa (f)	esposa (f)	[is'poza]
casado (adj)	casado	[ka'zadu]
casada (adj)	casada	[ka'zada]
soltero (adj)	solteiro	[sow'tejru]
soltero (m)	solteirão (m)	[sowtej'rãw]
divorciado (adj)	divorciado	[dʒivor'sjadu]
viuda (f)	viúva (f)	['vjuva]
viudo (m)	viúvo (m)	['vjuvu]
pariente (m)	parente (m)	[pa'rẽtʃi]
pariente (m) cercano	parente (m) próximo	[pa'rẽtʃi 'prɔsimu]
pariente (m) lejano	parente (m) distante	[pa'rẽtʃi dʒis'tãtʃi]
parientes (pl)	parentes (m pl)	[pa'rẽtʃis]
huérfano (m)	órfão (m)	['ɔrfãw]
huérfana (f)	órfã (f)	['ɔrfã]
tutor (m)	tutor (m)	[tu'tor]
adoptar (un niño)	adotar (vt)	[ado'tar]
adoptar (una niña)	adotar (vt)	[ado'tar]

60. Los amigos. Los compañeros del trabajo

amigo (m)	amigo (m)	[a'migu]
amiga (f)	amiga (f)	[a'miga]
amistad (f)	amizade (f)	[ami'zadʒi]
ser amigo	ser amigos	[ser a'migus]
amigote (m)	amigo (m)	[a'migu]
amiguete (f)	amiga (f)	[a'miga]
compañero (m)	parceiro (m)	[par'sejru]
jefe (m)	chefe (m)	['ʃɛfi]
superior (m)	superior (m)	[supe'rjor]

propietario (m)	**proprietário** (m)	[proprje'tarju]
subordinado (m)	**subordinado** (m)	[subordʒi'nadu]
colega (m, f)	**colega** (m, f)	[ko'lɛga]
conocido (m)	**conhecido** (m)	[koɲe'sidu]
compañero (m) de viaje	**companheiro** (m) **de viagem**	[kõpa'ɲejru de 'vjaʒẽ]
condiscípulo (m)	**colega** (m) **de classe**	[ko'lɛga de 'klasi]
vecino (m)	**vizinho** (m)	[vi'ziɲu]
vecina (f)	**vizinha** (f)	[vi'ziɲa]
vecinos (pl)	**vizinhos** (pl)	[vi'ziɲus]

EL CUERPO. LA MEDICINA

cabeza (f)	cabeça (f)	[ka'besa]
cara (f)	rosto, cara (f)	['hostu], ['kara]
nariz (f)	nariz (m)	[na'riz]
boca (f)	boca (f)	['boka]
ojo (m)	olho (m)	['oʎu]
ojos (m pl)	olhos (m pl)	['oʎus]
pupila (f)	pupila (f)	[pu'pila]
ceja (f)	sobrancelha (f)	[sobrã'seʎa]
pestaña (f)	cílio (f)	['silju]
párpado (m)	pálpebra (f)	['pawpebra]
lengua (f)	língua (f)	['lĩgwa]
diente (m)	dente (m)	['dẽtʃi]
labios (m pl)	lábios (m pl)	['labjus]
pómulos (m pl)	maçãs (f pl) do rosto	[ma'sãs du 'hostu]
encía (f)	gengiva (f)	[ʒẽ'ʒiva]
paladar (m)	palato (m)	[pa'latu]
ventanas (f pl)	narinas (f pl)	[na'rinas]
mentón (m)	queixo (m)	['kejʃu]
mandíbula (f)	mandíbula (f)	[mã'dʒibula]
mejilla (f)	bochecha (f)	[bo'ʃeʃa]
frente (f)	testa (f)	['tɛsta]
sien (f)	têmpora (f)	['tẽpora]
oreja (f)	orelha (f)	[o'reʎa]
nuca (f)	costas (f pl) da cabeça	['kɔstas da ka'besa]
cuello (m)	pescoço (m)	[pes'kosu]
garganta (f)	garganta (f)	[gar'gãta]
pelo, cabello (m)	cabelo (m)	[ka'belu]
peinado (m)	penteado (m)	[pẽ'tʃjadu]
corte (m) de pelo	corte (m) de cabelo	['kortʃi de ka'belu]
peluca (f)	peruca (f)	[pe'ruka]
bigote (m)	bigode (m)	[bi'gɔdʒi]
barba (f)	barba (f)	['barba]
tener (~ la barba)	ter (vt)	[ter]
trenza (f)	trança (f)	['trãsa]
patillas (f pl)	suíças (f pl)	['swisas]
pelirrojo (adj)	ruivo	['hwivu]
gris, canoso (adj)	grisalho	[gri'zaʎu]
calvo (adj)	careca	[ka'rɛka]
calva (f)	calva (f)	['kawvu]

cola (f) de caballo	**rabo-de-cavalo** (m)	['habu-de-ka'valu]
flequillo (m)	**franja** (f)	['fɾãʒa]

62. El cuerpo

mano (f)	**mão** (f)	[mãw]
brazo (m)	**braço** (m)	['brasu]

dedo (m)	**dedo** (m)	['dedu]
dedo (m) del pie	**dedo** (m) **do pé**	['dedu du pɛ]
dedo (m) pulgar	**polegar** (m)	[pole'gar]
dedo (m) meñique	**dedo** (m) **mindinho**	['dedu mĩ'dʒiɲu]
uña (f)	**unha** (f)	['uɲa]

puño (m)	**punho** (m)	['puɲu]
palma (f)	**palma** (f)	['pawma]
muñeca (f)	**pulso** (m)	['puwsu]
antebrazo (m)	**antebraço** (m)	[ãtʃi'brasu]
codo (m)	**cotovelo** (m)	[koto'velu]
hombro (m)	**ombro** (m)	['õbru]

pierna (f)	**perna** (f)	['pɛrna]
planta (f)	**pé** (m)	[pɛ]
rodilla (f)	**joelho** (m)	[ʒo'eʎu]
pantorrilla (f)	**panturrilha** (f)	[pãtu'hiʎa]
cadera (f)	**quadril** (m)	[kwa'driw]
talón (m)	**calcanhar** (m)	[kawka'ɲar]

cuerpo (m)	**corpo** (m)	['korpu]
vientre (m)	**barriga** (f), **ventre** (m)	[ba'higa], ['vẽtri]
pecho (m)	**peito** (m)	['pejtu]
seno (m)	**seio** (m)	['seju]
lado (m), costado (m)	**lado** (m)	['ladu]
espalda (f)	**costas** (f pl)	['kɔstas]
zona (f) lumbar	**região** (f) **lombar**	[he'ʒjãw lõ'bar]
cintura (f), talle (m)	**cintura** (f)	[sĩ'tura]

ombligo (m)	**umbigo** (m)	[ũ'bigu]
nalgas (f pl)	**nádegas** (f pl)	['nadegas]
trasero (m)	**traseiro** (m)	[tra'zejru]

lunar (m)	**sinal** (m), **pinta** (f)	[si'naw], ['pĩta]
marca (f) de nacimiento	**sinal** (m) **de nascença**	[si'naw de na'sẽsa]
tatuaje (m)	**tatuagem** (f)	[ta'twaʒẽ]
cicatriz (f)	**cicatriz** (f)	[sika'triz]

63. Las enfermedades

enfermedad (f)	**doença** (f)	[do'ẽsa]
estar enfermo	**estar doente**	[is'tar do'ẽtʃi]
salud (f)	**saúde** (f)	[sa'udʒi]
resfriado (m) (coriza)	**nariz** (m) **escorrendo**	[na'riz isko'hẽdu]

angina (f)	amigdalite (f)	[amigda'litʃi]
resfriado (m)	resfriado (m)	[hes'frjadu]
resfriarse (vr)	ficar resfriado	[fi'kar hes'frjadu]
bronquitis (f)	bronquite (f)	[brõ'kitʃi]
pulmonía (f)	pneumonia (f)	[pnewmo'nia]
gripe (f)	gripe (f)	['gripi]
miope (adj)	míope	['miopi]
présbita (adj)	presbita	[pres'bita]
estrabismo (m)	estrabismo (m)	[istra'bizmu]
estrábico (m) (adj)	estrábico, vesgo	[is'trabiku], ['vezgu]
catarata (f)	catarata (f)	[kata'rata]
glaucoma (m)	glaucoma (m)	[glaw'koma]
insulto (m)	AVC (m), apoplexia (f)	[ave'se], [apople'ksia]
ataque (m) cardiaco	ataque (m) cardíaco	[a'taki kar'dʒiaku]
infarto (m) de miocardio	enfarte (m) do miocárdio	[ẽ'fartʃi du mjo'kardʒiu]
parálisis (f)	paralisia (f)	[parali'zia]
paralizar (vt)	paralisar (vt)	[parali'zar]
alergia (f)	alergia (f)	[aler'ʒia]
asma (f)	asma (f)	['azma]
diabetes (f)	diabetes (f)	[dʒja'bɛtʃis]
dolor (m) de muelas	dor (f) de dente	[dor de 'dẽtʃi]
caries (f)	cárie (f)	['kari]
diarrea (f)	diarreia (f)	[dʒja'hɛja]
estreñimiento (m)	prisão (f) de ventre	[pri'zãw de 'vẽtri]
molestia (f) estomacal	desarranjo (m) intestinal	[dʒiza'hãʒu ĩtestʃi'naw]
envenenamiento (m)	intoxicação (f) alimentar	[ĩtoksika'sãw alimẽ'tar]
envenenarse (vr)	intoxicar-se	[ĩtoksi'karsi]
artritis (f)	artrite (f)	[ar'tritʃi]
raquitismo (m)	raquitismo (m)	[haki'tʃizmu]
reumatismo (m)	reumatismo (m)	[hewma'tʃizmu]
ateroesclerosis (f)	arteriosclerose (f)	[arterjoskle'rɔzi]
gastritis (f)	gastrite (f)	[gas'tritʃi]
apendicitis (f)	apendicite (f)	[apẽdʒi'sitʃi]
colecistitis (f)	colecistite (f)	[kulesi'stʃitʃi]
úlcera (f)	úlcera (f)	['uwsera]
sarampión (m)	sarampo (m)	[sa'rãpu]
rubeola (f)	rubéola (f)	[hu'bɛola]
ictericia (f)	icterícia (f)	[ikte'risja]
hepatitis (f)	hepatite (f)	[epa'tʃitʃi]
esquizofrenia (f)	esquizofrenia (f)	[iskizofre'nia]
rabia (f) (hidrofobia)	raiva (f)	['hajva]
neurosis (f)	neurose (f)	[new'rɔzi]
conmoción (f) cerebral	contusão (f) cerebral	[kõtu'zãw sere'braw]
cáncer (m)	câncer (m)	['kãser]
esclerosis (f)	esclerose (f)	[iskle'rɔzi]

esclerosis (m) múltiple	esclerose (f) múltipla	[iskle'rozi 'muwtʃipla]
alcoholismo (m)	alcoolismo (m)	[awko'lizmu]
alcohólico (m)	alcoólico (m)	[aw'kɔliku]
sífilis (f)	sífilis (f)	['sifilis]
SIDA (m)	AIDS (f)	['ajdʒs]

tumor (m)	tumor (m)	[tu'mor]
maligno (adj)	maligno	[ma'lignu]
benigno (adj)	benigno	[be'nignu]

fiebre (f)	febre (f)	['fɛbri]
malaria (f)	malária (f)	[ma'larja]
gangrena (f)	gangrena (f)	[gã'grena]
mareo (m)	enjoo (m)	[ẽ'ʒou]
epilepsia (f)	epilepsia (f)	[epile'psia]

epidemia (f)	epidemia (f)	[epide'mia]
tifus (m)	tifo (m)	['tʃifu]
tuberculosis (f)	tuberculose (f)	[tuberku'lozi]
cólera (f)	cólera (f)	['kɔlera]
peste (f)	peste (f) bubônica	['pɛstʃi bu'bonika]

64. Los síntomas. Los tratamientos. Unidad 1

síntoma (m)	sintoma (m)	[sĩ'tɔma]
temperatura (f)	temperatura (f)	[tẽpera'tura]
fiebre (f)	febre (f)	['fɛbri]
pulso (m)	pulso (m)	['puwsu]

mareo (m) (vértigo)	vertigem (f)	[ver'tʃiʒẽ]
caliente (adj)	quente	['kẽtʃi]
escalofrío (m)	calafrio (m)	[kala'friu]
pálido (adj)	pálido	['palidu]

tos (f)	tosse (f)	['tɔsi]
toser (vi)	tossir (vi)	[to'sir]
estornudar (vi)	espirrar (vi)	[ispi'har]
desmayo (m)	desmaio (m)	[dʒiz'maju]
desmayarse (vr)	desmaiar (vi)	[dʒizma'jar]

moradura (f)	mancha (f) preta	['mãʃa 'preta]
chichón (m)	galo (m)	['galu]
golpearse (vr)	machucar-se (vr)	[maʃu'karsi]
magulladura (f)	contusão (f)	[kõtu'zãw]
magullarse (vr)	machucar-se (vr)	[maʃu'karsi]

cojear (vi)	mancar (vi)	[mã'kar]
dislocación (f)	deslocamento (f)	[dʒizloka'mẽtu]
dislocar (vt)	deslocar (vt)	[dʒizlo'kar]
fractura (f)	fratura (f)	[fra'tura]
tener una fractura	fraturar (vt)	[fratu'rar]

| corte (m) (tajo) | corte (m) | ['kɔrtʃi] |
| cortarse (vr) | cortar-se (vr) | [kor'tarsi] |

hemorragia (f)	hemorragia (f)	[emoha'ʒia]
quemadura (f)	queimadura (f)	[kejma'dura]
quemarse (vr)	queimar-se (vr)	[kej'marsi]

pincharse (~ el dedo)	picar (vt)	[pi'kar]
pincharse (vr)	picar-se (vr)	[pi'karsi]
herir (vt)	lesionar (vt)	[lezjo'nar]
herida (f)	lesão (m)	[le'zãw]
lesión (f) (herida)	ferida (f), ferimento (m)	[fe'rida], [feri'mẽtu]
trauma (m)	trauma (m)	['trawma]

delirar (vi)	delirar (vi)	[deli'rar]
tartamudear (vi)	gaguejar (vi)	[gage'ʒar]
insolación (f)	insolação (f)	[insola'sãw]

65. Los síntomas. Los tratamientos. Unidad 2

| dolor (m) | dor (f) | [dor] |
| astilla (f) | farpa (f) | ['farpa] |

sudor (m)	suor (m)	[swɔr]
sudar (vi)	suar (vi)	[swar]
vómito (m)	vômito (m)	['vomitu]
convulsiones (f pl)	convulsões (f pl)	[kõvuw'sõjs]

embarazada (adj)	grávida	['gravida]
nacer (vi)	nascer (vi)	[na'ser]
parto (m)	parto (m)	['partu]
dar a luz	dar à luz	[dar a luz]
aborto (m)	aborto (m)	[a'bortu]

respiración (f)	respiração (f)	[hespira'sãw]
inspiración (f)	inspiração (f)	[ĩspira'sãw]
espiración (f)	expiração (f)	[ispira'sãw]
espirar (vi)	expirar (vi)	[ispi'rar]
inspirar (vi)	inspirar (vi)	[ĩspi'rar]

inválido (m)	inválido (m)	[ĩ'validu]
mutilado (m)	aleijado (m)	[alej'ʒadu]
drogadicto (m)	drogado (m)	[dro'gadu]

sordo (adj)	surdo	['surdu]
mudo (adj)	mudo	['mudu]
sordomudo (adj)	surdo-mudo	['surdu-'mudu]

loco (adj)	louco, insano	['loku], [ĩ'sanu]
loco (m)	louco (m)	['loku]
loca (f)	louca (f)	['loka]
volverse loco	ficar louco	[fi'kar 'loku]

gen (m)	gene (m)	['ʒɛni]
inmunidad (f)	imunidade (f)	[imuni'dadʒi]
hereditario (adj)	hereditário	[eredʒi'tarju]
de nacimiento (adj)	congênito	[kõ'ʒenitu]

virus (m)	vírus (m)	['virus]
microbio (m)	micróbio (m)	[mi'krɔbju]
bacteria (f)	bactéria (f)	[bak'tɛrja]
infección (f)	infecção (f)	[ĩfek'sãw]

66. Los síntomas. Los tratamientos. Unidad 3

hospital (m)	hospital (m)	[ospi'taw]
paciente (m)	paciente (m)	[pa'sjẽtʃi]
diagnosis (f)	diagnóstico (m)	[dʒjag'nɔstʃiku]
cura (f)	cura (f)	['kura]
tratamiento (m)	tratamento (m) médico	[trata'mẽtu 'mɛdʒiku]
curarse (vr)	curar-se (vr)	[ku'rarsi]
tratar (vt)	tratar (vt)	[tra'tar]
cuidar (a un enfermo)	cuidar (vt)	[kwi'dar]
cuidados (m pl)	cuidado (m)	[kwi'dadu]
operación (f)	operação (f)	[opera'sãw]
vendar (vt)	enfaixar (vt)	[ẽfaj'ʃar]
vendaje (m)	enfaixamento (m)	[bã'daʒãj]
vacunación (f)	vacinação (f)	[vasina'sãw]
vacunar (vt)	vacinar (vt)	[vasi'nar]
inyección (f)	injeção (f)	[inʒe'sãw]
aplicar una inyección	dar uma injeção	[dar 'uma inʒe'sãw]
ataque (m)	ataque (m)	[a'taki]
amputación (f)	amputação (f)	[ãputa'sãw]
amputar (vt)	amputar (vt)	[ãpu'tar]
coma (m)	coma (f)	['kɔma]
estar en coma	estar em coma	[is'tar ẽ 'kɔma]
revitalización (f)	reanimação (f)	[hianima'sãw]
recuperarse (vr)	recuperar-se (vr)	[hekupe'rarsi]
estado (m) (de salud)	estado (m)	[i'stadu]
consciencia (f)	consciência (f)	[kõ'sjẽsja]
memoria (f)	memória (f)	[me'mɔrja]
extraer (un diente)	tirar (vt)	[tʃi'rar]
empaste (m)	obturação (f)	[obitura'sãw]
empastar (vt)	obturar (vt)	[obitu'rar]
hipnosis (f)	hipnose (f)	[ip'nɔzi]
hipnotizar (vt)	hipnotizar (vt)	[ipnotʃi'zar]

67. La medicina. Las drogas. Los accesorios

medicamento (m), droga (f)	medicamento (m)	[medʒika'mẽtu]
remedio (m)	remédio (m)	[he'mɛdʒju]
prescribir (vt)	receitar (vt)	[hesej'tar]
receta (f)	receita (f)	[he'sejta]

tableta (f)	**comprimido** (m)	[kõpri'midu]
ungüento (m)	**unguento** (m)	[ũ'gwẽtu]
ampolla (f)	**ampola** (f)	[ã'pɔla]
mixtura (f), mezcla (f)	**solução, preparado** (m)	[solu'sãw], [prepa'radu]
sirope (m)	**xarope** (m)	[ʃa'rɔpi]
píldora (f)	**cápsula** (f)	['kapsula]
polvo (m)	**pó** (m)	[pɔ]
venda (f)	**atadura** (f)	[ata'dura]
algodón (m) (discos de ~)	**algodão** (m)	[awgo'dãw]
yodo (m)	**iodo** (m)	['jodu]
tirita (f), curita (f)	**curativo** (m) **adesivo**	[kura'tivu ade'zivu]
pipeta (f)	**conta-gotas** (m)	['kõta 'gotas]
termómetro (m)	**termômetro** (m)	[ter'mometru]
jeringa (f)	**seringa** (f)	[se'rĩga]
silla (f) de ruedas	**cadeira** (f) **de rodas**	[ka'dejra de 'hɔdas]
muletas (f pl)	**muletas** (f pl)	[mu'letas]
anestésico (m)	**analgésico** (m)	[anaw'ʒɛziku]
purgante (m)	**laxante** (m)	[la'ʃãtʃi]
alcohol (m)	**álcool** (m)	['awkɔw]
hierba (f) medicinal	**ervas** (f pl) **medicinais**	['ɛrvas medʒisi'najs]
de hierbas (té ~)	**de ervas**	[de 'ɛrvas]

EL APARTAMENTO

68. El apartamento

apartamento (m)	**apartamento** (m)	[aparta'mẽtu]
habitación (f)	**quarto, cômodo** (m)	['kwartu], ['komodu]
dormitorio (m)	**quarto** (m) **de dormir**	['kwartu de dor'mir]
comedor (m)	**sala** (f) **de jantar**	['sala de ʒã'tar]
salón (m)	**sala** (f) **de estar**	['sala de is'tar]
despacho (m)	**escritório** (m)	[iskri'tɔrju]
antecámara (f)	**sala** (f) **de entrada**	['sala de ẽ'trada]
cuarto (m) de baño	**banheiro** (m)	[ba'ɲejru]
servicio (m)	**lavabo** (m)	[la'vabu]
techo (m)	**teto** (m)	['tɛtu]
suelo (m)	**chão, piso** (m)	['ʃãw], ['pizu]
rincón (m)	**canto** (m)	['kãtu]

69. Los muebles. El interior

muebles (m pl)	**mobiliário** (m)	[mobi'ljarju]
mesa (f)	**mesa** (f)	['meza]
silla (f)	**cadeira** (f)	[ka'dejra]
cama (f)	**cama** (f)	['kama]
sofá (m)	**sofá, divã** (m)	[so'fa], [dʒi'vã]
sillón (m)	**poltrona** (f)	[pow'trona]
librería (f)	**estante** (f)	[is'tãtʃi]
estante (m)	**prateleira** (f)	[prate'lejra]
armario (m)	**guarda-roupas** (m)	['gwarda 'hopa]
percha (f)	**cabide** (m) **de parede**	[ka'bidʒi de pa'redʒi]
perchero (m) de pie	**cabideiro** (m) **de pé**	[kabi'dejru de pɛ]
cómoda (f)	**cômoda** (f)	['komoda]
mesa (f) de café	**mesinha** (f) **de centro**	[me'ziɲa de 'sẽtru]
espejo (m)	**espelho** (m)	[is'peʎu]
tapiz (m)	**tapete** (m)	[ta'petʃi]
alfombra (f)	**tapete** (m)	[ta'petʃi]
chimenea (f)	**lareira** (f)	[la'rejra]
vela (f)	**vela** (f)	['vɛla]
candelero (m)	**castiçal** (m)	[kastʃi'saw]
cortinas (f pl)	**cortinas** (f pl)	[kor'tʃinas]
empapelado (m)	**papel** (m) **de parede**	[pa'pɛw de pa'redʒi]

estor (m) de láminas	persianas (f pl)	[per'sjanas]
lámpara (f) de mesa	luminária (f) de mesa	[lumi'narja de 'meza]
aplique (m)	luminária (f) de parede	[lumi'narja de pa'redʒi]
lámpara (f) de pie	abajur (m) de pé	[aba'ʒur de 'pɛ]
lámpara (f) de araña	lustre (m)	['lustri]
pata (f) (~ de la mesa)	pé (m)	[pɛ]
brazo (m)	braço, descanso (m)	['brasu], [dʒis'kãsu]
espaldar (m)	costas (f pl)	['kɔstas]
cajón (m)	gaveta (f)	[ga'veta]

70. Los accesorios de cama

ropa (f) de cama	roupa (f) de cama	['hopa de 'kama]
almohada (f)	travesseiro (m)	[trave'sejru]
funda (f)	fronha (f)	['froɲa]
manta (f)	cobertor (m)	[kuber'tor]
sábana (f)	lençol (m)	[lẽ'sɔw]
sobrecama (f)	colcha (f)	['kowʃa]

71. La cocina

cocina (f)	cozinha (f)	[ko'ziɲa]
gas (m)	gás (m)	[gajs]
cocina (f) de gas	fogão (m) a gás	[fo'gãw a gajs]
cocina (f) eléctrica	fogão (m) elétrico	[fo'gãw e'lɛtriku]
horno (m)	forno (m)	['fornu]
horno (m) microondas	forno (m) de micro-ondas	['fornu de mikro'õdas]
frigorífico (m)	geladeira (f)	[ʒela'dejra]
congelador (m)	congelador (m)	[kõʒela'dor]
lavavajillas (m)	máquina (f) de lavar louça	['makina de la'var 'losa]
picadora (f) de carne	moedor (m) de carne	[moe'dor de 'karni]
exprimidor (m)	espremedor (m)	[ispreme'dor]
tostador (m)	torradeira (f)	[toha'dejra]
batidora (f)	batedeira (f)	[bate'dejra]
cafetera (f) (aparato de cocina)	máquina (f) de café	['makina de ka'fɛ]
cafetera (f) (para servir)	cafeteira (f)	[kafe'tejra]
molinillo (m) de café	moedor (m) de café	[moe'dor de ka'fɛ]
hervidor (m) de agua	chaleira (f)	[ʃa'lejra]
tetera (f)	bule (m)	['buli]
tapa (f)	tampa (f)	['tãpa]
colador (m) de té	coador (m) de chá	[koa'dor de ʃa]
cuchara (f)	colher (f)	[ko'ʎer]
cucharilla (f)	colher (f) de chá	[ko'ʎer de ʃa]
cuchara (f) de sopa	colher (f) de sopa	[ko'ʎer de 'sopa]
tenedor (m)	garfo (m)	['garfu]

cuchillo (m)	**faca** (f)	['faka]
vajilla (f)	**louça** (f)	['losa]
plato (m)	**prato** (m)	['pratu]
platillo (m)	**pires** (m)	['piris]
vaso (m) de chupito	**cálice** (m)	['kalisi]
vaso (m) (~ de agua)	**copo** (m)	['kɔpu]
taza (f)	**xícara** (f)	['ʃikara]
azucarera (f)	**açucareiro** (m)	[asuka'rejru]
salero (m)	**saleiro** (m)	[sa'lejru]
pimentero (m)	**pimenteiro** (m)	[pimẽ'tejru]
mantequera (f)	**manteigueira** (f)	[mãtej'gejra]
cacerola (f)	**panela** (f)	[pa'nɛla]
sartén (f)	**frigideira** (f)	[friʒi'dejra]
cucharón (m)	**concha** (f)	['kõʃa]
colador (m)	**coador** (m)	[koa'dor]
bandeja (f)	**bandeja** (f)	[bã'deʒa]
botella (f)	**garrafa** (f)	[ga'hafa]
tarro (m) de vidrio	**pote** (m) **de vidro**	['pɔtʃi de 'vidru]
lata (f)	**lata** (f)	['lata]
abrebotellas (m)	**abridor** (m) **de garrafa**	[abri'dor de ga'hafa]
abrelatas (m)	**abridor** (m) **de latas**	[abri'dor de 'latas]
sacacorchos (m)	**saca-rolhas** (m)	['saka-'hoʎas]
filtro (m)	**filtro** (m)	['fiwtru]
filtrar (vt)	**filtrar** (vt)	[fiw'trar]
basura (f)	**lixo** (m)	['liʃu]
cubo (m) de basura	**lixeira** (f)	[li'ʃejra]

72. El baño

cuarto (m) de baño	**banheiro** (m)	[ba'ɲejru]
agua (f)	**água** (f)	['agwa]
grifo (m)	**torneira** (f)	[tor'nejra]
agua (f) caliente	**água** (f) **quente**	['agwa 'kẽtʃi]
agua (f) fría	**água** (f) **fria**	['agwa 'fria]
pasta (f) de dientes	**pasta** (f) **de dente**	['pasta de 'dẽtʃi]
limpiarse los dientes	**escovar os dentes**	[isko'var us 'dẽtʃis]
cepillo (m) de dientes	**escova** (f) **de dente**	[is'kova de 'dẽtʃi]
afeitarse (vr)	**barbear-se** (vr)	[bar'bjarsi]
espuma (f) de afeitar	**espuma** (f) **de barbear**	[is'puma de bar'bjar]
maquinilla (f) de afeitar	**gilete** (f)	[ʒi'lɛtʃi]
lavar (vt)	**lavar** (vt)	[la'var]
darse un baño	**tomar banho**	[to'mar baɲu]
ducha (f)	**chuveiro** (m), **ducha** (f)	[ʃu'vejru], ['duʃa]
darse una ducha	**tomar uma ducha**	[to'mar 'uma 'duʃa]
bañera (f)	**banheira** (f)	[ba'ɲejra]

inodoro (m)	vaso (m) sanitário	['vazu sani'tarju]
lavabo (m)	pia (f)	['pia]
jabón (m)	sabonete (m)	[sabo'netʃi]
jabonera (f)	saboneteira (f)	[sabone'tejra]
esponja (f)	esponja (f)	[is'põʒa]
champú (m)	xampu (m)	[ʃã'pu]
toalla (f)	toalha (f)	[to'aʎa]
bata (f) de baño	roupão (m) de banho	[ho'pãw de 'baɲu]
colada (f), lavado (m)	lavagem (f)	[la'vaʒẽ]
lavadora (f)	lavadora (f) de roupas	[lava'dora de 'hopas]
lavar la ropa	lavar a roupa	[la'var a 'hopa]
detergente (m) en polvo	detergente (m)	[deter'ʒẽtʃi]

73. Los aparatos domésticos

televisor (m)	televisor (m)	[televi'zor]
magnetófono (m)	gravador (m)	[grava'dor]
vídeo (m)	videogravador (m)	['vidʒju·grava'dor]
radio (m)	rádio (m)	['hadʒju]
reproductor (m) (~ MP3)	leitor (m)	[lej'tor]
proyector (m) de vídeo	projetor (m)	[proʒe'tor]
sistema (m) home cinema	cinema (m) em casa	[si'nɛma ẽ 'kaza]
reproductor (m) de DVD	DVD Player (m)	[deve'de 'plejer]
amplificador (m)	amplificador (m)	[ãplifika'dor]
videoconsola (f)	console (f) de jogos	[kõ'sɔli de 'ʒogus]
cámara (f) de vídeo	câmera (f) de vídeo	['kamera de 'vidʒju]
cámara (f) fotográfica	máquina (f) fotográfica	['makina foto'grafika]
cámara (f) digital	câmera (f) digital	['kamera dʒiʒi'taw]
aspirador (m), aspiradora (f)	aspirador (m)	[aspira'dor]
plancha (f)	ferro (m) de passar	['fɛhu de pa'sar]
tabla (f) de planchar	tábua (f) de passar	['tabwa de pa'sar]
teléfono (m)	telefone (m)	[tele'fɔni]
teléfono (m) móvil	celular (m)	[selu'lar]
máquina (f) de escribir	máquina (f) de escrever	['makina de iskre'ver]
máquina (f) de coser	máquina (f) de costura	['makina de kos'tura]
micrófono (m)	microfone (m)	[mikro'fɔni]
auriculares (m pl)	fone (m) de ouvido	['fɔni de o'vidu]
mando (m) a distancia	controle remoto (m)	[kõ'trɔli he'mɔtu]
CD (m)	CD (m)	['sede]
casete (m)	fita (f) cassete	['fita ka'sɛtʃi]
disco (m) de vinilo	disco (m) de vinil	['dʒisku de vi'niw]

LA TIERRA. EL TIEMPO

cosmos (m)	espaço, cosmo (m)	[is'pasu], ['kɔzmu]
espacial, cósmico (adj)	espacial, cósmico	[ispa'sjaw], ['kɔzmiku]
espacio (m) cósmico	espaço (m) cósmico	[is'pasu 'kɔzmiku]
mundo (m)	mundo (m)	['mũdu]
universo (m)	universo (m)	[uni'vɛrsu]
galaxia (f)	galáxia (f)	[ga'laksja]
estrella (f)	estrela (f)	[is'trela]
constelación (f)	constelação (f)	[kõstela'sãw]
planeta (m)	planeta (m)	[pla'neta]
satélite (m)	satélite (m)	[sa'tɛlitʃi]
meteorito (m)	meteorito (m)	[meteo'ritu]
cometa (m)	cometa (m)	[ko'meta]
asteroide (m)	asteroide (m)	[aste'rɔjdʒi]
órbita (f)	órbita (f)	['ɔrbita]
girar (vi)	girar (vi)	[ʒi'rar]
atmósfera (f)	atmosfera (f)	[atmos'fɛra]
Sol (m)	Sol (m)	[sɔw]
sistema (m) solar	Sistema (m) Solar	[sis'tɛma so'lar]
eclipse (m) de Sol	eclipse (m) solar	[e'klipsi so'lar]
Tierra (f)	Terra (f)	['tɛha]
Luna (f)	Lua (f)	['lua]
Marte (m)	Marte (m)	['martʃi]
Venus (f)	Vênus (f)	['venus]
Júpiter (m)	Júpiter (m)	['ʒupiter]
Saturno (m)	Saturno (m)	[sa'turnu]
Mercurio (m)	Mercúrio (m)	[mer'kurju]
Urano (m)	Urano (m)	[u'ranu]
Neptuno (m)	Netuno (m)	[ne'tunu]
Plutón (m)	Plutão (m)	[plu'tãw]
la Vía Láctea	Via Láctea (f)	['via 'laktja]
la Osa Mayor	Ursa Maior (f)	[ursa ma'jɔr]
la Estrella Polar	Estrela Polar (f)	[is'trela po'lar]
marciano (m)	marciano (m)	[mar'sjanu]
extraterrestre (m)	extraterrestre (m)	[estrate'hɛstri]

planetícola (m)	alienígena (m)	[alje'niʒena]
platillo (m) volante	disco (m) voador	['dʒisku vwa'dor]
nave (f) espacial	nave (f) espacial	['navi ispa'sjaw]
estación (f) orbital	estação (f) orbital	[eʃta'sãw orbi'taw]
despegue (m)	lançamento (m)	[lãsa'mẽtu]
motor (m)	motor (m)	[mo'tor]
tobera (f)	bocal (m)	[bo'kaw]
combustible (m)	combustível (m)	[kõbus'tʃivew]
carlinga (f)	cabine (f)	[ka'bini]
antena (f)	antena (f)	[ã'tɛna]
ventana (f)	vigia (f)	[vi'ʒia]
batería (f) solar	bateria (f) solar	[bate'ria so'lar]
escafandra (f)	traje (m) espacial	['traʒi ispa'sjaw]
ingravidez (f)	imponderabilidade (f)	[ĩpõderabili'dadʒi]
oxígeno (m)	oxigênio (m)	[oksi'ʒenju]
atraque (m)	acoplagem (f)	[ako'plaʒẽ]
realizar el atraque	fazer uma acoplagem	[fa'zer 'uma ako'plaʒẽ]
observatorio (m)	observatório (m)	[observa'tɔrju]
telescopio (m)	telescópio (m)	[tele'skɔpju]
observar (vt)	observar (vt)	[obser'var]
explorar (~ el universo)	explorar (vt)	[isplo'rar]

75. La tierra

Tierra (f)	Terra (f)	['tɛha]
globo (m) terrestre	globo (m) terrestre	['globu te'hɛstri]
planeta (m)	planeta (m)	[pla'neta]
atmósfera (f)	atmosfera (f)	[atmos'fɛra]
geografía (f)	geografia (f)	[ʒeogra'fia]
naturaleza (f)	natureza (f)	[natu'reza]
globo (m) terráqueo	globo (m)	['globu]
mapa (m)	mapa (m)	['mapa]
atlas (m)	atlas (m)	['atlas]
Europa (f)	Europa (f)	[ew'rɔpa]
Asia (f)	Ásia (f)	['azja]
África (f)	África (f)	['afrika]
Australia (f)	Austrália (f)	[aws'tralja]
América (f)	América (f)	[a'mɛrika]
América (f) del Norte	América (f) do Norte	[a'mɛrika du 'nɔrtʃi]
América (f) del Sur	América (f) do Sul	[a'mɛrika du suw]
Antártida (f)	Antártida (f)	[ã'tartʃida]
Ártico (m)	Ártico (m)	['artʃiku]

76. Los puntos cardinales

norte (m)	norte (m)	['nɔrtʃi]
al norte	para norte	['para 'nɔrtʃi]
en el norte	no norte	[nu 'nɔrtʃi]
del norte (adj)	do norte	[du 'nɔrtʃi]
sur (m)	sul (m)	[suw]
al sur	para sul	['para suw]
en el sur	no sul	[nu suw]
del sur (adj)	do sul	[du suw]
oeste (m)	oeste, ocidente (m)	['wɛstʃi], [osi'dẽtʃi]
al oeste	para oeste	['para 'wɛstʃi]
en el oeste	no oeste	[nu 'wɛstʃi]
del oeste (adj)	ocidental	[osidẽ'taw]
este (m)	leste, oriente (m)	['lɛstʃi], [o'rjẽtʃi]
al este	para leste	['para 'lɛstʃi]
en el este	no leste	[nu 'lɛstʃi]
del este (adj)	oriental	[orjẽ'taw]

77. El mar. El océano

mar (m)	mar (m)	[mah]
océano (m)	oceano (m)	[o'sjanu]
golfo (m)	golfo (m)	['gowfu]
estrecho (m)	estreito (m)	[is'trejtu]
tierra (f) firme	terra (f) firme	['tɛha 'firmi]
continente (m)	continente (m)	[kõtʃi'nẽtʃi]
isla (f)	ilha (f)	['iʎa]
península (f)	península (f)	[pe'nĩsula]
archipiélago (m)	arquipélago (m)	[arki'pɛlagu]
bahía (f)	baía (f)	[ba'ia]
ensenada, bahía (f)	porto (m)	['portu]
laguna (f)	lagoa (f)	[la'goa]
cabo (m)	cabo (m)	['kabu]
atolón (m)	atol (m)	[a'tɔw]
arrecife (m)	recife (m)	[he'sifi]
coral (m)	coral (m)	[ko'raw]
arrecife (m) de coral	recife (m) de coral	[he'sifi de ko'raw]
profundo (adj)	profundo	[pro'fũdu]
profundidad (f)	profundidade (f)	[profũdʒi'dadʒi]
abismo (m)	abismo (m)	[a'bizmu]
fosa (f) oceánica	fossa (f) oceânica	['fɔsa o'sjanika]
corriente (f)	corrente (f)	[ko'hẽtʃi]
bañar (rodear)	banhar (vt)	[ba'ɲar]
orilla (f)	litoral (m)	lito'raw]

costa (f)	costa (f)	['kɔsta]
flujo (m)	maré (f) alta	[ma'rɛ 'awta]
reflujo (m)	refluxo (m)	[he'fluksu]
banco (m) de arena	restinga (f)	[hes'tʃĩga]
fondo (m)	fundo (m)	['fũdu]
ola (f)	onda (f)	['õda]
cresta (f) de la ola	crista (f) da onda	['krista da 'õda]
espuma (f)	espuma (f)	[is'puma]
tempestad (f)	tempestade (f)	[tẽpes'tadʒi]
huracán (m)	furacão (m)	[fura'kãw]
tsunami (m)	tsunami (m)	[tsu'nami]
bonanza (f)	calmaria (f)	[kawma'ria]
calmo, tranquilo	calmo	['kawmu]
polo (m)	polo (m)	['pɔlu]
polar (adj)	polar	[po'lar]
latitud (f)	latitude (f)	[latʃi'tudʒi]
longitud (f)	longitude (f)	[lõʒi'tudʒi]
paralelo (m)	paralela (f)	[para'lɛla]
ecuador (m)	equador (m)	[ekwa'dor]
cielo (m)	céu (m)	[sɛw]
horizonte (m)	horizonte (m)	[ori'zõtʃi]
aire (m)	ar (m)	[ar]
faro (m)	farol (m)	[fa'rɔw]
bucear (vi)	mergulhar (vi)	[mergu'ʎar]
hundirse (vr)	afundar-se (vr)	[afũ'darse]
tesoros (m pl)	tesouros (m pl)	[te'zorus]

78. Los nombres de los mares y los océanos

océano (m) Atlántico	Oceano (m) Atlântico	[o'sjanu at'lãtʃiku]
océano (m) Índico	Oceano (m) Índico	[o'sjanu 'ĩdiku]
océano (m) Pacífico	Oceano (m) Pacífico	[o'sjanu pa'sifiku]
océano (m) Glacial Ártico	Oceano (m) Ártico	[o'sjanu 'artʃiku]
mar (m) Negro	Mar (m) Negro	[mah 'negru]
mar (m) Rojo	Mar (m) Vermelho	[mah ver'meʎu]
mar (m) Amarillo	Mar (m) Amarelo	[mah ama'rɛlu]
mar (m) Blanco	Mar (m) Branco	[mah 'brãku]
mar (m) Caspio	Mar (m) Cáspio	[mah 'kaspju]
mar (m) Muerto	Mar (m) Morto	[mah 'mortu]
mar (m) Mediterráneo	Mar (m) Mediterrâneo	[mah medʒite'hanju]
mar (m) Egeo	Mar (m) Egeu	[mah e'ʒew]
mar (m) Adriático	Mar (m) Adriático	[mah a'drjatʃiku]
mar (m) Arábigo	Mar (m) Arábico	[mah a'rabiku]
mar (m) del Japón	Mar (m) do Japão	[mah du ʒa'pãw]

| mar (m) de Bering | Mar (m) de Bering | [mah de berĩgi] |
| mar (m) de la China Meridional | Mar (m) da China Meridional | [mah da 'ʃina meriʤjo'naw] |

mar (m) del Coral	Mar (m) de Coral	[mah de ko'raw]
mar (m) de Tasmania	Mar (m) de Tasman	[mah de tazman]
mar (m) Caribe	Mar (m) do Caribe	[mah du ka'ribi]

| mar (m) de Barents | Mar (m) de Barents | [mah de barẽts] |
| mar (m) de Kara | Mar (m) de Kara | [mah de 'kara] |

mar (m) del Norte	Mar (m) do Norte	[mah du 'nɔrtʃi]
mar (m) Báltico	Mar (m) Báltico	[mah 'bawtʃiku]
mar (m) de Noruega	Mar (m) da Noruega	[mah da nor'wɛga]

79. Las montañas

montaña (f)	montanha (f)	[mõ'taɲa]
cadena (f) de montañas	cordilheira (f)	[korʤi'ʎejra]
cresta (f) de montañas	serra (f)	['sɛha]

cima (f)	cume (m)	['kumi]
pico (m)	pico (m)	['piku]
pie (m)	pé (m)	[pɛ]
cuesta (f)	declive (m)	[de'klivi]

volcán (m)	vulcão (m)	[vuw'kãw]
volcán (m) activo	vulcão (m) ativo	[vuw'kãw a'tʃivu]
volcán (m) apagado	vulcão (m) extinto	[vuw'kãw is'tʃĩtu]

erupción (f)	erupção (f)	[erup'sãw]
cráter (m)	cratera (f)	[kra'tɛra]
magma (m)	magma (m)	['magma]
lava (f)	lava (f)	['lava]
fundido (lava ~a)	fundido	[fũ'ʤidu]

cañón (m)	cânion, desfiladeiro (m)	['kanjon], [ʤisfila'dejru]
desfiladero (m)	garganta (f)	[gar'gãta]
grieta (f)	fenda (f)	['fẽda]
precipicio (m)	precipício (m)	[presi'pisju]

puerto (m) (paso)	passo, colo (m)	['pasu], ['kɔlu]
meseta (f)	planalto (m)	[pla'nawtu]
roca (f)	falésia (f)	[fa'lɛzja]
colina (f)	colina (f)	[ko'lina]

glaciar (m)	geleira (f)	[ʒe'lejra]
cascada (f)	cachoeira (f)	[kaʃ'wejra]
geiser (m)	gêiser (m)	['ʒɛjzer]
lago (m)	lago (m)	['lagu]

llanura (f)	planície (f)	[pla'nisi]
paisaje (m)	paisagem (f)	[paj'zaʒẽ]
eco (m)	eco (m)	['ɛku]

alpinista (m)	alpinista (m)	[awpi'nista]
escalador (m)	escalador (m)	[iskala'dor]
conquistar (vt)	conquistar (vt)	[kõkis'tar]
ascensión (f)	subida, escalada (f)	[su'bida], [iska'lada]

80. Los nombres de las montañas

Alpes (m pl)	Alpes (m pl)	['awpis]
Montblanc (m)	Monte Branco (m)	['mõtʃi 'brãku]
Pirineos (m pl)	Pirineus (m pl)	[piri'news]

Cárpatos (m pl)	Cárpatos (m pl)	['karpatus]
Urales (m pl)	Urais (m pl)	[u'rajs]
Cáucaso (m)	Cáucaso (m)	['kawkazu]
Elbrus (m)	Elbrus (m)	[el'brus]

Altai (m)	Altai (m)	[al'taj]
Tian-Shan (m)	Tian Shan (m)	[tjan ʃan]
Pamir (m)	Pamir (m)	[pa'mir]
Himalayos (m pl)	Himalaia (m)	[ima'laja]
Everest (m)	monte Everest (m)	['mõtʃi eve'rest]

| Andes (m pl) | Cordilheira (f) dos Andes | [kordʒi'ʎejra dus 'ãdʒis] |
| Kilimanjaro (m) | Kilimanjaro (m) | [kilimã'ʒaru] |

81. Los ríos

río (m)	rio (m)	['hiu]
manantial (m)	fonte, nascente (f)	['fõtʃi], [na'sẽtʃi]
lecho (m) (curso de agua)	leito (m) de rio	['lejtu de 'hiu]
cuenca (f) fluvial	bacia (f)	[ba'sia]
desembocar en ...	desaguar no ...	[dʒiza'gwar nu]

| afluente (m) | afluente (m) | [a'flwẽtʃi] |
| ribera (f) | margem (f) | ['marʒẽ] |

corriente (f)	corrente (f)	[ko'hẽtʃi]
río abajo (adv)	rio abaixo	['hiu a'baɪʃu]
río arriba (adv)	rio acima	['hiu a'sima]

inundación (f)	inundação (f)	[ĩtrodu'sãw]
riada (f)	cheia (f)	['ʃeja]
desbordarse (vr)	transbordar (vi)	[trãzbor'dar]
inundar (vt)	inundar (vt)	[inũ'dar]

| bajo (m) arenoso | banco (m) de areia | ['bãku de a'reja] |
| rápido (m) | corredeira (f) | [kohe'dejra] |

presa (f)	barragem (f)	[ba'haʒẽ]
canal (m)	canal (m)	[ka'naw]
lago (m) artificiale	reservatório (m) de água	[hezerva'tɔrju de 'agwa]
esclusa (f)	eclusa (f)	[e'kluza]

cuerpo (m) de agua	corpo (m) de água	['korpu de 'agwa]
pantano (m)	pântano (m)	['pãtanu]
ciénaga (f)	lamaçal (m)	[lama'saw]
remolino (m)	rodamoinho (m)	[hodamo'iɲu]
arroyo (m)	riacho (m)	['hjaʃu]
potable (adj)	potável	[po'tavew]
dulce (agua ~)	doce	['dosi]
hielo (m)	gelo (m)	['ʒelu]
helarse (el lago, etc.)	congelar-se (vr)	[kõʒe'larsi]

82. Los nombres de los ríos

Sena (m)	rio Sena (m)	['hiu 'sɛna]
Loira (m)	rio Loire (m)	['hiu lu'ar]
Támesis (m)	rio Tâmisa (m)	['hiu 'tamiza]
Rin (m)	rio Reno (m)	['hiu 'henu]
Danubio (m)	rio Danúbio (m)	['hiu da'nubju]
Volga (m)	rio Volga (m)	['hiu 'vɔlga]
Don (m)	rio Don (m)	['hiu dɔn]
Lena (m)	rio Lena (m)	['hiu 'lena]
Río (m) Amarillo	rio Amarelo (m)	['hiu ama'rɛlu]
Río (m) Azul	rio Yangtzé (m)	['hiu jã'gtzɛ]
Mekong (m)	rio Mekong (m)	['hiu mi'kõg]
Ganges (m)	rio Ganges (m)	['hiu 'gændʒi:z]
Nilo (m)	rio Nilo (m)	['hiu 'nilu]
Congo (m)	rio Congo (m)	['hiu 'kõgu]
Okavango (m)	rio Cubango (m)	['hiu ku'bãgu]
Zambeze (m)	rio Zambeze (m)	['hiu zã'bezi]
Limpopo (m)	rio Limpopo (m)	['hiu lĩ'popu]
Misisipi (m)	rio Mississippi (m)	['hiu misi'sipi]

83. El bosque

bosque (m)	floresta (f), bosque (m)	[flo'rɛsta], ['bɔski]
de bosque (adj)	florestal	[flores'taw]
espesura (f)	mata (f) fechada	['mata fe'ʃada]
bosquecillo (m)	arvoredo (m)	[arvo'redu]
claro (m)	clareira (f)	[kla'rejra]
maleza (f)	matagal (m)	[mata'gaw]
matorral (m)	mato (m), caatinga (f)	['matu], [ka'tʃĩga]
senda (f)	trilha, vereda (f)	['triʎa], [ve'reda]
barranco (m)	ravina (f)	[ha'vina]
árbol (m)	árvore (f)	['arvori]

hoja (f)	folha (f)	['foʎa]
follaje (m)	folhagem (f)	[fo'ʎaʒẽ]
caída (f) de hojas	queda (f) das folhas	['kɛda das 'foʎas]
caer (las hojas)	cair (vi)	[ka'ir]
cima (f)	topo (m)	['topu]
rama (f)	ramo (m)	['hamu]
rama (f) (gruesa)	galho (m)	['gaʎu]
brote (m)	botão (m)	[bo'tãw]
aguja (f)	agulha (f)	[a'guʎa]
piña (f)	pinha (f)	['piɲa]
agujero (m)	buraco (m) de árvore	[bu'raku de 'arvori]
nido (m)	ninho (m)	['niɲu]
tronco (m)	tronco (m)	['trõku]
raíz (f)	raiz (f)	[ha'iz]
corteza (f)	casca (f) de árvore	['kaska de 'arvori]
musgo (m)	musgo (m)	['muzgu]
extirpar (vt)	arrancar pela raiz	[ahã'kar 'pɛla ha'iz]
talar (vt)	cortar (vt)	[kor'tar]
deforestar (vt)	desflorestar (vt)	[dʒisflores'tar]
tocón (m)	toco, cepo (m)	['toku], ['sepu]
hoguera (f)	fogueira (f)	[fo'gejra]
incendio (m) forestal	incêndio (m) florestal	[ĩ'sẽdʒju flores'taw]
apagar (~ el incendio)	apagar (vt)	[apa'gar]
guarda (m) forestal	guarda-parque (m)	['gwarda 'parki]
protección (f)	proteção (f)	[prote'sãw]
proteger (vt)	proteger (vt)	[prote'ʒer]
cazador (m) furtivo	caçador (m) furtivo	[kasa'dor fur'tʃivu]
cepo (m)	armadilha (f)	arma'dʒiʎa]
recoger (setas, bayas)	colher (vt)	[ko'ʎer]
perderse (vr)	perder-se (vr)	[per'dersi]

84. Los recursos naturales

recursos (m pl) naturales	recursos (m pl) naturais	[he'kursus natu'rajs]
recursos (m pl) subterráneos	minerais (m pl)	[mine'rajs]
depósitos (m pl)	depósitos (m pl)	[de'pozitus]
yacimiento (m)	jazida (f)	[ʒa'zida]
extraer (vt)	extrair (vt)	[istra'jir]
extracción (f)	extração (f)	[istra'sãw]
mena (f)	minério (m)	[mi'nɛrju]
mina (f)	mina (f)	['mina]
pozo (m) de mina	poço (m) de mina	['posu de 'mina]
minero (m)	mineiro (m)	[mi'nejru]
gas (m)	gás (m)	[gajs]
gasoducto (m)	gasoduto (m)	[gazo'dutu]

petróleo (m)	petróleo (m)	[pe'trɔlju]
oleoducto (m)	oleoduto (m)	[oljo'dutu]
pozo (m) de petróleo	poço (m) de petróleo	['posu de pe'trɔlju]
torre (f) de sondeo	torre (f) petrolífera	['tohi petro'lifera]
petrolero (m)	petroleiro (m)	[petro'lejru]

arena (f)	areia (f)	[a'reja]
caliza (f)	calcário (m)	[kaw'karju]
grava (f)	cascalho (m)	[kas'kaʎu]
turba (f)	turfa (f)	['turfa]
arcilla (f)	argila (f)	[ar'ʒila]
carbón (m)	carvão (m)	[kar'vãw]

hierro (m)	ferro (m)	['fɛhu]
oro (m)	ouro (m)	['oru]
plata (f)	prata (f)	['prata]
níquel (m)	níquel (m)	['nikew]
cobre (m)	cobre (m)	['kɔbri]

zinc (m)	zinco (m)	['zĩku]
manganeso (m)	manganês (m)	[mãga'nes]
mercurio (m)	mercúrio (m)	[mer'kurju]
plomo (m)	chumbo (m)	['ʃũbu]

mineral (m)	mineral (m)	[mine'raw]
cristal (m)	cristal (m)	[kris'taw]
mármol (m)	mármore (m)	['marmori]
uranio (m)	urânio (m)	[u'ranju]

85. El tiempo

tiempo (m)	tempo (m)	['tẽpu]
previsión (f) del tiempo	previsão (f) do tempo	[previ'zãw du 'tẽpu]
temperatura (f)	temperatura (f)	[tẽpera'tura]
termómetro (m)	termômetro (m)	[ter'mometru]
barómetro (m)	barômetro (m)	[ba'romɛtru]

húmedo (adj)	úmido	['umidu]
humedad (f)	umidade (f)	[umi'dadʒi]
bochorno (m)	calor (m)	[ka'lor]
tórrido (adj)	tórrido	['tohidu]
hace mucho calor	está muito calor	[is'ta 'mwĩtu ka'lor]

| hace calor (templado) | está calor | [is'ta ka'lor] |
| templado (adj) | quente | ['kẽtʃi] |

| hace frío | está frio | [is'ta 'friu] |
| frío (adj) | frio | ['friu] |

sol (m)	sol (m)	[sɔw]
brillar (vi)	brilhar (vi)	[bri'ʎar]
soleado (un día ~)	de sol, ensolarado	[de sɔw], [ẽsola'radu]
elevarse (el sol)	nascer (vi)	[na'ser]
ponerse (vr)	pôr-se (vr)	['porsi]

nube (f)	nuvem (f)	['nuvẽj]
nuboso (adj)	nublado	[nu'bladu]
nubarrón (m)	nuvem (f) preta	['nuvẽj 'preta]
nublado (adj)	escuro	[is'kuru]

lluvia (f)	chuva (f)	['ʃuva]
está lloviendo	está a chover	[is'ta a ʃo'ver]
lluvioso (adj)	chuvoso	[ʃu'vozu]
lloviznar (vi)	chuviscar (vi)	[ʃuvis'kar]

aguacero (m)	chuva (f) torrencial	['ʃuva tohẽ'sjaw]
chaparrón (m)	aguaceiro (m)	[agwa'sejru]
fuerte (la lluvia ~)	forte	['fortʃi]
charco (m)	poça (f)	['posa]
mojarse (vr)	molhar-se (vr)	[mo'ʎarsi]

niebla (f)	nevoeiro (m)	[nevo'ejru]
nebuloso (adj)	de nevoeiro	[de nevu'ejru]
nieve (f)	neve (f)	['nɛvi]
está nevando	está nevando	[is'ta ne'vãdu]

86. Los eventos climáticos severos. Los desastres naturales

tormenta (f)	trovoada (f)	[tro'vwada]
relámpago (m)	relâmpago (m)	[he'lãpagu]
relampaguear (vi)	relampejar (vi)	[helãpe'ʒar]

trueno (m)	trovão (m)	[tro'vãw]
tronar (vi)	trovejar (vi)	[trove'ʒar]
está tronando	está trovejando	[is'ta trove'ʒãdu]

granizo (m)	granizo (m)	[gra'nizu]
está granizando	está caindo granizo	[is'ta ka'ĩdu gra'nizu]

inundar (vt)	inundar (vt)	[inũ'dar]
inundación (f)	inundação (f)	[ĩtrodu'sãw]

terremoto (m)	terremoto (m)	[tehe'mɔtu]
sacudida (f)	abalo, tremor (m)	[a'balu], [tre'mor]
epicentro (m)	epicentro (m)	[epi'sẽtru]

erupción (f)	erupção (f)	[erup'sãw]
lava (f)	lava (f)	['lava]

torbellino (m)	tornado (m)	[tor'nadu]
tornado (m)	tornado (m)	[tor'nadu]
tifón (m)	tufão (m)	[tu'fãw]

huracán (m)	furacão (m)	[fura'kãw]
tempestad (f)	tempestade (f)	[tẽpes'tadʒi]
tsunami (m)	tsunami (m)	[tsu'nami]

ciclón (m)	ciclone (m)	[si'klɔni]
mal tiempo (m)	mau tempo (m)	[maw 'tẽpu]

incendio (m)	incêndio (m)	[ĩ'sẽdʒju]
catástrofe (f)	catástrofe (f)	[ka'tastrofi]
meteorito (m)	meteorito (m)	[meteo'ritu]

avalancha (f)	avalanche (f)	[ava'lãʃi]
alud (m) de nieve	deslizamento (m) de neve	[dʒizliza'mẽtu de 'nɛvi]
ventisca (f)	nevasca (f)	[ne'vaska]
nevasca (f)	tempestade (f) de neve	[tẽpes'tadʒi de 'nɛvi]

LA FAUNA

87. Los mamíferos. Los predadores

carnívoro (m)	predador (m)	[preda'dor]
tigre (m)	tigre (m)	['tʃigri]
león (m)	leão (m)	[le'ãw]
lobo (m)	lobo (m)	['lobu]
zorro (m)	raposa (f)	[ha'pozu]
jaguar (m)	jaguar (m)	[ʒa'gwar]
leopardo (m)	leopardo (m)	[ljo'pardu]
guepardo (m)	chita (f)	['ʃita]
pantera (f)	pantera (f)	[pã'tɛra]
puma (f)	puma (m)	['puma]
leopardo (m) de las nieves	leopardo-das-neves (m)	[ljo'pardu das 'nɛvis]
lince (m)	lince (m)	['lĩsi]
coyote (m)	coiote (m)	[ko'jɔtʃi]
chacal (m)	chacal (m)	[ʃa'kaw]
hiena (f)	hiena (f)	['jena]

88. Los animales salvajes

animal (m)	animal (m)	[ani'maw]
bestia (f)	besta (f)	['besta]
ardilla (f)	esquilo (m)	[is'kilu]
erizo (m)	ouriço (m)	[o'risu]
liebre (f)	lebre (f)	['lɛbri]
conejo (m)	coelho (m)	[ko'eʎu]
tejón (m)	texugo (m)	[te'ʃugu]
mapache (m)	guaxinim (m)	[gwaʃi'nĩ]
hámster (m)	hamster (m)	['amster]
marmota (f)	marmota (f)	[mah'mɔta]
topo (m)	toupeira (f)	[to'pejra]
ratón (m)	rato (m)	['hatu]
rata (f)	ratazana (f)	[hata'zana]
murciélago (m)	morcego (m)	[mor'segu]
armiño (m)	arminho (m)	[ar'miɲu]
cebellina (f)	zibelina (f)	[zibe'lina]
marta (f)	marta (f)	['mahta]
comadreja (f)	doninha (f)	[dɔ'niɲa]
visón (m)	visom (m)	[vi'zõ]

castor (m)	castor (m)	[kas'tor]
nutria (f)	lontra (f)	['lõtra]
caballo (m)	cavalo (m)	[ka'valu]
alce (m)	alce (m)	['awsi]
ciervo (m)	veado (m)	['vjadu]
camello (m)	camelo (m)	[ka'melu]
bisonte (m)	bisão (m)	[bi'zãw]
uro (m)	auroque (m)	[aw'rɔki]
búfalo (m)	búfalo (m)	['bufalu]
cebra (f)	zebra (f)	['zebra]
antílope (m)	antílope (m)	[ã'tʃilopi]
corzo (m)	corça (f)	['korsa]
gamo (m)	gamo (m)	['gamu]
gamuza (f)	camurça (f)	[ka'mursa]
jabalí (m)	javali (m)	[ʒava'li]
ballena (f)	baleia (f)	[ba'leja]
foca (f)	foca (f)	['fɔka]
morsa (f)	morsa (f)	['mɔhsa]
oso (m) marino	urso-marinho (m)	['ursu ma'riɲu]
delfín (m)	golfinho (m)	[gow'fiɲu]
oso (m)	urso (m)	['ursu]
oso (m) blanco	urso (m) polar	['ursu po'lar]
panda (f)	panda (m)	['pãda]
mono (m)	macaco (m)	[ma'kaku]
chimpancé (m)	chimpanzé (m)	[ʃĩpã'zɛ]
orangután (m)	orangotango (m)	[orãgu'tãgu]
gorila (m)	gorila (m)	[go'rila]
macaco (m)	macaco (m)	[ma'kaku]
gibón (m)	gibão (m)	[ʒi'bãw]
elefante (m)	elefante (m)	[ele'fãtʃi]
rinoceronte (m)	rinoceronte (m)	[hinose'rõtʃi]
jirafa (f)	girafa (f)	[ʒi'rafa]
hipopótamo (m)	hipopótamo (m)	[ipo'pɔtamu]
canguro (m)	canguru (m)	[kãgu'ru]
koala (f)	coala (m)	['kwala]
mangosta (f)	mangusto (m)	[mã'gustu]
chinchilla (f)	chinchila (f)	[ʃĩ'ʃila]
mofeta (f)	cangambá (f)	[kã'gãba]
espín (m)	porco-espinho (m)	['pɔrku is'piɲu]

89. Los animales domésticos

gata (f)	gata (f)	['gata]
gato (m)	gato (m) macho	['gatu 'maʃu]
perro (m)	cão (m)	['kãw]

caballo (m)	cavalo (m)	[ka'valu]
garañón (m)	garanhão (m)	[gara'ɲãw]
yegua (f)	égua (f)	['ɛgwa]

vaca (f)	vaca (f)	['vaka]
toro (m)	touro (m)	['toru]
buey (m)	boi (m)	[boj]

oveja (f)	ovelha (f)	[o'veʎa]
carnero (m)	carneiro (m)	[kar'nejru]
cabra (f)	cabra (f)	['kabra]
cabrón (m)	bode (m)	['bɔdʒi]

| asno (m) | burro (m) | ['buhu] |
| mulo (m) | mula (f) | ['mula] |

cerdo (m)	porco (m)	['porku]
cerdito (m)	leitão (m)	[lej'tãw]
conejo (m)	coelho (m)	[ko'eʎu]

| gallina (f) | galinha (f) | [ga'liɲa] |
| gallo (m) | galo (m) | ['galu] |

pato (m)	pata (f)	['pata]
ánade (m)	pato (m)	['patu]
ganso (m)	ganso (m)	['gãsu]

| pavo (m) | peru (m) | [pe'ru] |
| pava (f) | perua (f) | [pe'rua] |

animales (m pl) domésticos	animais (m pl) domésticos	[ani'majs do'mɛstʃikus]
domesticado (adj)	domesticado	[domestʃi'kadu]
domesticar (vt)	domesticar (vt)	[domestʃi'kar]
criar (vt)	criar (vt)	[krjar]

granja (f)	fazenda (f)	[fa'zẽda]
aves (f pl) de corral	aves (f pl) domésticas	['avis do'mɛstʃikas]
ganado (m)	gado (m)	['gadu]
rebaño (m)	rebanho (m), manada (f)	[he'baɲu], [ma'nada]

caballeriza (f)	estábulo (m)	[is'tabulu]
porqueriza (f)	chiqueiro (m)	[ʃi'kejru]
vaquería (f)	estábulo (m)	[is'tabulu]
conejal (m)	coelheira (f)	[kue'ʎejra]
gallinero (m)	galinheiro (m)	[gali'ɲejru]

90. Los pájaros

pájaro (m)	pássaro (m), ave (f)	['pasaru], ['avi]
paloma (f)	pombo (m)	['põbu]
gorrión (m)	pardal (m)	[par'daw]
carbonero (m)	chapim-real (m)	[ʃa'pĩ-he'aw]
urraca (f)	pega-rabuda (f)	['pega-ha'buda]
cuervo (m)	corvo (m)	['korvu]

corneja (f)	gralha-cinzenta (f)	['graʎa sĩ'zẽta]
chova (f)	gralha-de-nuca-cinzenta (f)	['graʎa de 'nuka sĩ'zẽta]
grajo (m)	gralha-calva (f)	['graʎa 'kawvu]
pato (m)	pato (m)	['patu]
ganso (m)	ganso (m)	['gãsu]
faisán (m)	faisão (m)	[faj'zãw]
águila (f)	águia (f)	['agja]
azor (m)	açor (m)	[a'sor]
halcón (m)	falcão (m)	[faw'kãw]
buitre (m)	abutre (m)	[a'butri]
cóndor (m)	condor (m)	[kõ'dor]
cisne (m)	cisne (m)	['sizni]
grulla (f)	grou (m)	[grow]
cigüeña (f)	cegonha (f)	[se'goɲa]
loro (m), papagayo (m)	papagaio (m)	[papa'gaju]
colibrí (m)	beija-flor (m)	[bejʒa'flor]
pavo (m) real	pavão (m)	[pa'vãw]
avestruz (m)	avestruz (m)	[aves'truz]
garza (f)	garça (f)	['garsa]
flamenco (m)	flamingo (m)	[fla'mĩgu]
pelícano (m)	pelicano (m)	[peli'kanu]
ruiseñor (m)	rouxinol (m)	[hoʃi'nɔw]
golondrina (f)	andorinha (f)	[ãdo'riɲa]
tordo (m)	tordo-zornal (m)	['tɔrdu-zor'nal]
zorzal (m)	tordo-músico (m)	['tɔrdu-'muziku]
mirlo (m)	melro-preto (m)	['mɛwhu 'pretu]
vencejo (m)	andorinhão (m)	[ãdori'ɲãw]
alondra (f)	laverca, cotovia (f)	[la'verka], [kutu'via]
codorniz (f)	codorna (f)	[ko'dɔrna]
pájaro carpintero (m)	pica-pau (m)	['pika 'paw]
cuco (m)	cuco (m)	['kuku]
lechuza (f)	coruja (f)	[ko'ruʒa]
búho (m)	bufo-real (m)	['bufu-he'aw]
urogallo (m)	tetraz-grande (m)	[tɛ'tras-'grãdʒi]
gallo lira (m)	tetraz-lira (m)	[tɛ'tras-'lira]
perdiz (f)	perdiz-cinzenta (f)	[per'dis sĩ'zẽta]
estornino (m)	estorninho (m)	[istor'niɲu]
canario (m)	canário (m)	[ka'narju]
ortega (f)	galinha-do-mato (f)	[ga'liɲa du 'matu]
pinzón (m)	tentilhão (m)	[tẽtʃi'ʎãw]
camachuelo (m)	dom-fafe (m)	[dõ'fafi]
gaviota (f)	gaivota (f)	[gaj'vɔta]
albatros (m)	albatroz (m)	[alba'trɔs]
pingüino (m)	pinguim (m)	[pĩ'gwĩ]

91. Los peces. Los animales marinos

brema (f)	brema (f)	['brema]
carpa (f)	carpa (f)	['karpa]
perca (f)	perca (f)	['pehka]
siluro (m)	siluro (m)	[si'luru]
lucio (m)	lúcio (m)	['lusju]
salmón (m)	salmão (m)	[saw'mãw]
esturión (m)	esturjão (m)	[istur'ʒãw]
arenque (m)	arenque (m)	[a'rẽki]
salmón (m) del Atlántico	salmão (m) do Atlântico	[saw'mãw du at'lãtʃiku]
caballa (f)	cavala, sarda (f)	[ka'vala], ['sarda]
lenguado (m)	solha (f), linguado (m)	['soʎa], [lĩ'gwadu]
lucioperca (f)	lúcio perca (m)	['lusju 'perka]
bacalao (m)	bacalhau (m)	[baka'ʎaw]
atún (m)	atum (m)	[a'tũ]
trucha (f)	truta (f)	['truta]
anguila (f)	enguia (f)	[ẽ'gia]
raya (f) eléctrica	raia (f) elétrica	['haja e'lɛtrika]
morena (f)	moreia (f)	[mo'reja]
piraña (f)	piranha (f)	[pi'raɲa]
tiburón (m)	tubarão (m)	[tuba'rãw]
delfín (m)	golfinho (m)	[gow'fiɲu]
ballena (f)	baleia (f)	[ba'leja]
centolla (f)	caranguejo (m)	[karã'geʒu]
medusa (f)	água-viva (f)	['agwa 'viva]
pulpo (m)	polvo (m)	['powvu]
estrella (f) de mar	estrela-do-mar (f)	[is'trela du 'mar]
erizo (m) de mar	ouriço-do-mar (m)	[o'risu du 'mar]
caballito (m) de mar	cavalo-marinho (m)	[ka'valu ma'riɲu]
ostra (f)	ostra (f)	['ostra]
camarón (m)	camarão (m)	[kama'rãw]
bogavante (m)	lagosta (f)	[la'gosta]
langosta (f)	lagosta (f)	[la'gosta]

92. Los anfibios. Los reptiles

serpiente (f)	cobra (f)	['kɔbra]
venenoso (adj)	venenoso	[vene'nozu]
víbora (f)	víbora (f)	['vibora]
cobra (f)	naja (f)	['naʒa]
pitón (m)	píton (m)	['pitɔn]
boa (f)	jiboia (f)	[ʒi'bɔja]
culebra (f)	cobra-de-água (f)	[kɔbra de 'agwa]

| serpiente (m) de cascabel | cascavel (f) | [kaska'vɛw] |
| anaconda (f) | anaconda, sucuri (f) | [ana'kõda], [sukuri] |

lagarto (m)	lagarto (m)	[la'gartu]
iguana (f)	iguana (f)	[i'gwana]
varano (m)	varano (m)	[va'ranu]
salamandra (f)	salamandra (f)	[sala'mãdra]
camaleón (m)	camaleão (m)	[kamale'ãu]
escorpión (m)	escorpião (m)	[iskorpi'ãw]

tortuga (f)	tartaruga (f)	[tarta'ruga]
rana (f)	rã (f)	[hã]
sapo (m)	sapo (m)	['sapu]
cocodrilo (m)	crocodilo (m)	[kroko'dʒilu]

93. Los insectos

insecto (m)	inseto (m)	[ĩ'sɛtu]
mariposa (f)	borboleta (f)	[borbo'leta]
hormiga (f)	formiga (f)	[for'miga]
mosca (f)	mosca (f)	['moska]
mosquito (m) (picadura de ~)	mosquito (m)	[mos'kitu]
escarabajo (m)	escaravelho (m)	[iskara'veʎu]

avispa (f)	vespa (f)	['vespa]
abeja (f)	abelha (f)	[a'beʎa]
abejorro (m)	mamangaba (f)	[mamã'gaba]
moscardón (m)	moscardo (m)	[mos'kardu]

| araña (f) | aranha (f) | [a'raɲa] |
| telaraña (f) | teia (f) de aranha | ['teja de a'raɲa] |

libélula (f)	libélula (f)	[li'bɛlula]
saltamontes (m)	gafanhoto (m)	[gafa'ɲotu]
mariposa (f) nocturna	traça (f)	['trasa]

cucaracha (f)	barata (f)	[ba'rata]
garrapata (f)	carrapato (m)	[kaha'patu]
pulga (f)	pulga (f)	['puwga]
mosca (f) negra	borrachudo (m)	[boha'ʃudu]

langosta (f)	gafanhoto-migratório (m)	[gafa'ɲotu-migra'tɔrju]
caracol (m)	caracol (m)	[kara'kɔw]
grillo (m)	grilo (m)	['grilu]
luciérnaga (f)	pirilampo, vaga-lume (m)	[piri'lãpu], [vaga-'lumi]
mariquita (f)	joaninha (f)	[ʒwa'niɲa]
sanjuanero (m)	besouro (m)	[be'zoru]

sanguijuela (f)	sanguessuga (f)	[sãgi'suga]
oruga (f)	lagarta (f)	[la'garta]
lombriz (m) de tierra	minhoca (f)	[mi'ɲɔka]
larva (f)	larva (f)	['larva]

LA FLORA

árbol (m)	árvore (f)	['arvori]
foliáceo (adj)	decídua	[de'sidwa]
conífero (adj)	conífera	[ko'nifera]
de hoja perenne	perene	[pe'rɛni]
manzano (m)	macieira (f)	[ma'sjejra]
peral (m)	pereira (f)	[pe'rejra]
cerezo (m)	cerejeira (f)	[sere'ʒejra]
guindo (m)	ginjeira (f)	[ʒĩ'ʒejra]
ciruelo (m)	ameixeira (f)	[amej'ʃejra]
abedul (m)	bétula (f)	['bɛtula]
roble (m)	carvalho (m)	[kar'vaʎu]
tilo (m)	tília (f)	['tʃilja]
pobo (m)	choupo-tremedor (m)	['ʃopu-treme'dor]
arce (m)	bordo (m)	['bɔrdu]
pícea (f)	espruce (m)	[is'pruse]
pino (m)	pinheiro (m)	[pi'ɲejru]
alerce (m)	alerce, lariço (m)	[a'lɛrse], [la'risu]
abeto (m)	abeto (m)	[a'bɛtu]
cedro (m)	cedro (m)	['sɛdru]
álamo (m)	choupo, álamo (m)	['ʃopu], ['alamu]
serbal (m)	tramazeira (f)	[trama'zejra]
sauce (m)	salgueiro (m)	[saw'gejru]
aliso (m)	amieiro (m)	[a'mjejru]
haya (f)	faia (f)	['faja]
olmo (m)	ulmeiro, olmo (m)	[ul'mejru], ['ɔwmu]
fresno (m)	freixo (m)	['frejʃu]
castaño (m)	castanheiro (m)	[kasta'ɲejru]
magnolia (f)	magnólia (f)	[mag'nɔlja]
palmera (f)	palmeira (f)	[paw'mejra]
ciprés (m)	cipreste (m)	[si'prɛstʃi]
mangle (m)	mangue (m)	['mãgi]
baobab (m)	embondeiro, baobá (m)	[ẽbõ'dejru], [bao'ba]
eucalipto (m)	eucalipto (m)	[ewka'liptu]
secoya (f)	sequoia (f)	[se'kwɔja]

mata (f)	arbusto (m)	[ar'bustu]
arbusto (m)	arbusto (m), moita (f)	[ar'bustu], ['mɔjta]

| vid (f) | videira (f) | [vi'dejra] |
| viñedo (m) | vinhedo (m) | [vi'ɲedu] |

frambueso (m)	framboeseira (f)	[frãboe'zejra]
grosellero (m) negro	groselheira-negra (f)	[groze'ʎejra 'negra]
grosellero (m) rojo	groselheira-vermelha (f)	[grozɛ'ʎejra ver'meʎa]
grosellero (m) espinoso	groselheira (f) espinhosa	[groze'ʎejra ispi'ɲoza]

acacia (f)	acácia (f)	[a'kasja]
berberís (m)	bérberis (f)	['bɛrberis]
jazmín (m)	jasmim (m)	[ʒaz'mĩ]

enebro (m)	junípero (m)	[ʒu'niperu]
rosal (m)	roseira (f)	[ho'zejra]
escaramujo (m)	roseira (f) brava	[ho'zejra 'brava]

96. Las frutas. Las bayas

fruto (m)	fruta (f)	['fruta]
frutos (m pl)	frutas (f pl)	['frutas]
manzana (f)	maçã (f)	[ma'sã]
pera (f)	pera (f)	['pera]
ciruela (f)	ameixa (f)	[a'mejʃa]

fresa (f)	morango (m)	[mo'rãgu]
guinda (f)	ginja (f)	['ʒĩʒa]
cereza (f)	cereja (f)	[se'reʒa]
uva (f)	uva (f)	['uva]

frambuesa (f)	framboesa (f)	[frãbo'eza]
grosella (f) negra	groselha (f) negra	[gro'zɛʎa 'negra]
grosella (f) roja	groselha (f) vermelha	[[gro'zɛʎa ver'meʎa]
grosella (f) espinosa	groselha (f) espinhosa	[gro'zɛʎa ispi'ɲoza]
arándano (m) agrio	oxicoco (m)	[oksi'koku]

naranja (f)	laranja (f)	[la'rãʒa]
mandarina (f)	tangerina (f)	[tãʒe'rina]
piña (f)	abacaxi (m)	[abaka'ʃi]

| banana (f) | banana (f) | [ba'nana] |
| dátil (m) | tâmara (f) | ['tamara] |

limón (m)	limão (m)	[li'mãw]
albaricoque (m)	damasco (m)	[da'masku]
melocotón (m)	pêssego (m)	['pesegu]

| kiwi (m) | quiuí (m) | [ki'vi] |
| toronja (f) | toranja (f) | [to'rãʒa] |

baya (f)	baga (f)	['baga]
bayas (f pl)	bagas (f pl)	['bagas]
arándano (m) rojo	arando (m) vermelho	[a'rãdu ver'meʎu]
fresa (f) silvestre	morango-silvestre (m)	[mo'rãgu siw'vɛstri]
arándano (m)	mirtilo (m)	[mih'tʃilu]

97. Las flores. Las plantas

flor (f)	**flor** (f)	[flɔr]
ramo (m) de flores	**buquê** (m) **de flores**	[bu'ke de 'flɔris]
rosa (f)	**rosa** (f)	['hɔza]
tulipán (m)	**tulipa** (f)	[tu'lipa]
clavel (m)	**cravo** (m)	['kravu]
gladiolo (m)	**gladíolo** (m)	[gla'dʒiolu]
aciano (m)	**escovinha** (f)	[isko'viɲa]
campanilla (f)	**campainha** (f)	[kampa'iɲa]
diente (m) de león	**dente-de-leão** (m)	['dẽtʃi] de le'ãw]
manzanilla (f)	**camomila** (f)	[kamo'mila]
áloe (m)	**aloé** (m)	[alo'ɛ]
cacto (m)	**cacto** (m)	['kaktu]
ficus (m)	**fícus** (m)	['fikus]
azucena (f)	**lírio** (m)	['lirju]
geranio (m)	**gerânio** (m)	[ʒe'ranju]
jacinto (m)	**jacinto** (m)	[ʒa'sĩtu]
mimosa (f)	**mimosa** (f)	[mi'mɔza]
narciso (m)	**narciso** (m)	[nar'sizu]
capuchina (f)	**capuchinha** (f)	[kapu'ʃiɲa]
orquídea (f)	**orquídea** (f)	[or'kidʒja]
peonía (f)	**peônia** (f)	[pi'onia]
violeta (f)	**violeta** (f)	[vjo'leta]
trinitaria (f)	**amor-perfeito** (m)	[a'mor per'fejtu]
nomeolvides (f)	**não-me-esqueças** (m)	['nãw mi is'kesas]
margarita (f)	**margarida** (f)	[marga'rida]
amapola (f)	**papoula** (f)	[pa'pola]
cáñamo (m)	**cânhamo** (m)	['kaɲamu]
menta (f)	**hortelã, menta** (f)	[orte'lã], ['mẽta]
muguete (m)	**lírio-do-vale** (m)	['lirju du 'vali]
campanilla (f) de las nieves	**campânula-branca** (f)	[kã'panula-'brãka]
ortiga (f)	**urtiga** (f)	[ur'tʃiga]
acedera (f)	**azedinha** (f)	[aze'dʒinha]
nenúfar (m)	**nenúfar** (m)	[ne'nufar]
helecho (m)	**samambaia** (f)	[samã'baja]
liquen (m)	**líquen** (m)	['likẽ]
invernadero (m) tropical	**estufa** (f)	[is'tufa]
césped (m)	**gramado** (m)	[gra'madu]
macizo (m) de flores	**canteiro** (m) **de flores**	[kã'tejru de 'flɔris]
planta (f)	**planta** (f)	['plãta]
hierba (f)	**grama** (f)	['grama]
hoja (f) de hierba	**folha** (f) **de grama**	['foʎa de 'grama]

hoja (f)	folha (f)	['foʎa]
pétalo (m)	pétala (f)	['pɛtala]
tallo (m)	talo (m)	['talu]
tubérculo (m)	tubérculo (m)	[tu'berkulu]

| retoño (m) | broto, rebento (m) | ['brotu], [he'bẽtu] |
| espina (f) | espinho (m) | [is'piɲu] |

florecer (vi)	florescer (vi)	[flore'ser]
marchitarse (vr)	murchar (vi)	[mur'ʃar]
olor (m)	cheiro (m)	['ʃejru]
cortar (vt)	cortar (vt)	[kor'tar]
coger (una flor)	colher (vt)	[ko'ʎer]

98. Los cereales, los granos

grano (m)	grão (m)	['grãw]
cereales (m pl) (plantas)	cereais (m pl)	[se'rjajs]
espiga (f)	espiga (f)	[is'piga]

trigo (m)	trigo (m)	['trigu]
centeno (m)	centeio (m)	[sẽ'teju]
avena (f)	aveia (f)	[a'veja]
mijo (m)	painço (m)	[pa'ĩsu]
cebada (f)	cevada (f)	[se'vada]

maíz (m)	milho (m)	['miʎu]
arroz (m)	arroz (m)	[a'hoz]
alforfón (m)	trigo-sarraceno (m)	['trigu-saha'sẽnu]

guisante (m)	ervilha (f)	[er'viʎa]
fréjol (m)	feijão (m) roxo	[fej'ʒãw 'hoʃu]
soya (f)	soja (f)	['sɔʒa]
lenteja (f)	lentilha (f)	[lẽ'tʃiʎa]
habas (f pl)	feijão (m)	[fej'ʒãw]

LOS PAÍSES

Afganistán (m)	Afeganistão (m)	[afeganis'tãw]
Albania (f)	Albânia (f)	[aw'banja]
Alemania (f)	Alemanha (f)	[ale'mãɲa]
Arabia (f) Saudita	Arábia (f) Saudita	[a'rabja saw'dʒita]
Argentina (f)	Argentina (f)	[arʒẽ'tʃina]
Armenia (f)	Armênia (f)	[ar'menja]
Australia (f)	Austrália (f)	[aws'tralja]
Austria (f)	Áustria (f)	['awstrja]
Azerbaiyán (m)	Azerbaijão (m)	[azerbaj'ʒãw]
Bangladesh (m)	Bangladesh (m)	[bãgla'dɛs]
Bélgica (f)	Bélgica (f)	['bɛwʒika]
Bielorrusia (f)	Belarus	[bela'rus]
Bolivia (f)	Bolívia (f)	[bo'livja]
Bosnia y Herzegovina	Bósnia e Herzegovina (f)	['bɔsnia i ɛrtsegɔ'vina]
Brasil (m)	Brasil (m)	[bra'ziw]
Bulgaria (f)	Bulgária (f)	[buw'garja]
Camboya (f)	Camboja (f)	[kã'bɔja]
Canadá (f)	Canadá (m)	[kana'da]
Chequia (f)	República (f) Checa	[he'publika 'ʃeka]
Chile (m)	Chile (m)	['ʃili]
China (f)	China (f)	['ʃina]
Chipre (m)	Chipre (m)	['ʃipri]
Colombia (f)	Colômbia (f)	[ko'lõbja]
Corea (f) del Norte	Coreia (f) do Norte	[ko'rɛja du 'nɔrtʃi]
Corea (f) del Sur	Coreia (f) do Sul	[ko'rɛja du suw]
Croacia (f)	Croácia (f)	[kro'asja]
Cuba (f)	Cuba (f)	['kuba]
Dinamarca (f)	Dinamarca (f)	[dʒina'marka]
Ecuador (m)	Equador (m)	[ekwa'dor]
Egipto (m)	Egito (m)	[e'ʒitu]
Emiratos (m pl) Árabes Unidos	Emirados Árabes Unidos	[emi'radus 'arabis u'nidus]
Escocia (f)	Escócia (f)	[is'kɔsja]
Eslovaquia (f)	Eslováquia (f)	islɔ'vakja]
Eslovenia	Eslovênia (f)	islɔ'venja]
España (f)	Espanha (f)	[is'paɲa]
Estados Unidos de América (m pl)	Estados Unidos da América (m pl)	[i'stadus u'nidus da a'mɛrika]
Estonia (f)	Estônia (f)	[is'tonja]
Finlandia (f)	Finlândia (f)	[fĩ'lãdʒja]
Francia (f)	França (f)	['frãsa]

100. Los países. Unidad 2

Georgia (f)	Geórgia (f)	['ʒɔrʒa]
Ghana (f)	Gana (f)	['gana]
Gran Bretaña (f)	Grã-Bretanha (f)	[grã-bre'taɲa]
Grecia (f)	Grécia (f)	['grɛsja]
Haití (m)	Haiti (m)	[aj'tʃi]
Hungría (f)	Hungria (f)	[ũ'gria]
India (f)	Índia (f)	['ĩdʒa]
Indonesia (f)	Indonésia (f)	[ĩdo'nɛzja]
Inglaterra (f)	Inglaterra (f)	[ĩgla'tɛha]
Irak (m)	Iraque (m)	[i'raki]
Irán (m)	Irã (m)	[i'rã]
Irlanda (f)	Irlanda (f)	[ir'lãda]
Islandia (f)	Islândia (f)	[iz'lãdʒa]
Islas (f pl) Bahamas	Bahamas (f pl)	[ba'amas]
Israel (m)	Israel (m)	[izha'ɛw]
Italia (f)	Itália (f)	[i'talja]
Jamaica (f)	Jamaica (f)	[ʒa'majka]
Japón (m)	Japão (m)	[ʒa'pãw]
Jordania (f)	Jordânia (f)	[ʒor'danja]
Kazajstán (m)	Cazaquistão (m)	[kazakis'tãw]
Kenia (f)	Quênia (f)	['kenja]
Kirguizistán (m)	Quirguistão (m)	[kirgis'tãw]
Kuwait (m)	Kuwait (m)	[ku'wejt]
Laos (m)	Laos (m)	['laws]
Letonia (f)	Letônia (f)	[le'tonja]
Líbano (m)	Líbano (m)	['libanu]
Libia (f)	Líbia (f)	['libja]
Liechtenstein (m)	Liechtenstein (m)	[liʃtẽs'tajn]
Lituania (f)	Lituânia (f)	[li'twanja]
Luxemburgo (m)	Luxemburgo (m)	[luʃẽ'burgu]
Macedonia	Macedônia (f)	[mase'donja]
Madagascar (m)	Madagascar (m)	[mada'gaskar]
Malasia (f)	Malásia (f)	[ma'lazja]
Malta (f)	Malta (f)	['mawta]
Marruecos (m)	Marrocos	[ma'hɔkus]
Méjico (m)	México (m)	['mɛʃiku]
Moldavia (f)	Moldávia (f)	[mow'davja]
Mónaco (m)	Mônaco (m)	['monaku]
Mongolia (f)	Mongólia (f)	[mõ'gɔlja]
Montenegro (m)	Montenegro (m)	[mõtʃi'negru]
Myanmar (m)	Birmânia (f)	[bir'manja]

101. Los países. Unidad 3

Namibia (f)	Namíbia (f)	[na'mibja]
Nepal (m)	Nepal (m)	[ne'paw]

Noruega (f)	**Noruega** (f)	[nor'wɛga]
Nueva Zelanda (f)	**Nova Zelândia** (f)	['nɔva zi'lãdʒa]
Países Bajos (m pl)	**Países Baixos** (m pl)	[pa'jisis 'baɪʃus]
Pakistán (m)	**Paquistão** (m)	[pakis'tãw]
Palestina (f)	**Palestina** (f)	[pales'tʃina]
Panamá (f)	**Panamá** (m)	[pana'ma]
Paraguay (m)	**Paraguai** (m)	[para'gwaj]
Perú (m)	**Peru** (m)	[pe'ru]
Polinesia (f) Francesa	**Polinésia** (f) **Francesa**	[poli'nɛzja frã'seza]
Polonia (f)	**Polônia** (f)	[po'lonja]
Portugal (m)	**Portugal** (m)	[portu'gaw]
República (f) Dominicana	**República** (f) **Dominicana**	[he'publika domini'kana]
República (f) Sudafricana	**África** (f) **do Sul**	['afrika du suw]
Rumania (f)	**Romênia** (f)	[ho'menja]
Rusia (f)	**Rússia** (f)	['husja]
Senegal (m)	**Senegal** (m)	[sene'gaw]
Serbia (f)	**Sérvia** (f)	['sɛhvia]
Siria (f)	**Síria** (f)	['sirja]
Suecia (f)	**Suécia** (f)	['swɛsja]
Suiza (f)	**Suíça** (f)	['swisa]
Surinam (m)	**Suriname** (m)	[suri'nami]
Tayikistán (m)	**Tajiquistão** (m)	[taʒiki'stãw]
Tailandia (f)	**Tailândia** (f)	[taj'lãdʒja]
Taiwán (m)	**Taiwan** (m)	[taj'wan]
Tanzania (f)	**Tanzânia** (f)	[tã'zanja]
Tasmania (f)	**Tasmânia** (f)	[taz'manja]
Túnez (m)	**Tunísia** (f)	[tu'nizja]
Turkmenistán (m)	**Turquemenistão** (m)	[turkemenis'tãw]
Turquía (f)	**Turquia** (f)	[tur'kia]
Ucrania (f)	**Ucrânia** (f)	[u'kranja]
Uruguay (m)	**Uruguai** (m)	[uru'gwaj]
Uzbekistán (m)	**Uzbequistão** (f)	[uzbekis'tãw]
Vaticano (m)	**Vaticano** (m)	[vatʃi'kanu]
Venezuela (f)	**Venezuela** (f)	[vene'zwɛla]
Vietnam (m)	**Vietnã** (m)	[vjet'nã]
Zanzíbar (m)	**Zanzibar** (m)	[zãzi'bar]